Né en 1939, Anthony Kemp conserve un souvenir précis des préparatifs du Jour J dans le village du Hampshire où il passe son enfance. Après ses études à Brighton et son service militaire dans la RAF, il passe plusieurs années en Allemagne avant d'étudier l'histoire moderne à Oxford. Il est ensuite assistant à l'université, puis travaille durant douze ans comme chercheur, producteur et directeur de programmes documentaires à la télévision britannique, dont en 1984, un film sur le Jour J à Saint-Aubin : *Nan Red*. A l'occasion du 30e anniversaire du débarquement, il dirige plusieurs tours organisés sur les plages de Normandie pour le compte de vétérans américains. Pour le 40e anniversaire, il publie *South Hampshire and the D Day Landings*, et quelques années plus tard, *Southampton at War*. Anthony Kemp vit aujourd'hui en Charente et est producteur indépendant de télévision. Il collabore étroitement avec le Mémorial de Caen, pour lequel il a réalisé trois films. En 2003, il a publié aux Editions Heimdal *Metz 1944 - One More River to Cross* (texte bilingue français-anglais). Pour le 60e anniversaire, il est membre du comité de direction d'une association mosellane, «Moselle River 1944», qui organisera les commémorations autour de Thionville.

Tous droits de traduction et d'adaptation réservés pour tous pays
© Gallimard 1994

1er dépôt légal : mars 1994
Dépôt légal : avril 2004
Numéro d'édition : 123823
ISBN : 2-07-058353-8
Imprimé en France par Kapp, Evreux

A Claude Quétel sans qui ce livre ne serait pas.

L'auteur et l'éditeur tiennent à remercier le Mémorial de Caen, Claude Quétel, Françoise Passera et Nathalie Lavieille pour leur étroite collaboration.

6 JUIN 1944
LE DÉBARQUEMENT EN NORMANDIE

Anthony Kemp
Traduit par Pierre-M. Reyss

DÉCOUVERTES GALLIMARD
HISTOIRE

Même aux heures les plus sombres, alors que la défaite paraît imminente, le Premier ministre britannique, Winston Churchill, reste convaincu que le seul moyen de battre les Allemands serait de porter la guerre en territoire français. Pour ce faire, il se fixe trois objectifs : d'abord, écarter définitivement la menace d'une invasion nazie ; ensuite entraîner et équiper une nouvelle armée anglaise ; enfin et surtout, associer à cette tâche le potentiel industriel et humain des Etats-Unis.

CHAPITRE PREMIER
LES ORIGINES DE L'OPÉRATION OVERLORD

En 1940, Winston Churchill (à gauche) fait serment de poursuivre la lutte contre l'Allemagne.

14 LES ORIGINES DE L'OPÉRATION OVERLORD

Aux jours les plus sombres de l'été 1940, jamais les troupes franco-britanniques qui embarquent en catastrophe sur les plages de Dunkerque à destination de l'Angleterre n'auraient pu imaginer que, moins de quatre ans plus tard, elles reviendraient sur le sol français pour participer à la plus puissante opération amphibie de tous les temps.

Le montage des «Opérations Combinées»

Au début de la guerre, il n'existe aucun engin de débarquement et nulle troupe n'a

l'expérience d'opérations amphibies. Churchill veut cependant en découdre avec l'ennemi, même si cet engagement doit être limité. Il met sur pied un organisme, baptisé «Opérations Combinées», pour préparer des raids sur des objectifs ponctuels du continent. Dans le même temps, il ordonne que soient constituées des unités d'assaut spécialisées – les «commandos» – opérationnelles dès juillet 1940 dont un petit groupe lance une attaque sur l'île de Guernesey. Au printemps de l'année suivante, une opération est montée pour s'emparer de l'archipel norvégien des Lofoten.

Des exploits de ce genre galvanisent le moral des Anglais en un temps où ils font face, seuls, à la machine de guerre nazie, mais les graines de la victoire finale ne sont semées réellement qu'après que Hitler ayant envahi la Yougoslavie et la Grèce, se lance à la conquête de l'URSS le 22 juin 1941. Ses armées progressent de façon foudroyante jusqu'aux portes de Moscou, mais elles sont clouées au sol par le terrifiant hiver russe. C'est cependant en Extrême-Orient que le sort de Hitler est scellé lorsque, le 7 décembre 1941,

LE FRONT DE L'EST

ses alliés japonais déclenchent une attaque surprise contre Pearl Harbour, base de la flotte du Pacifique des Etats-Unis et que l'Amérique entre activement dans la guerre.

Les indécisions des Alliés

Lors de la conférence de Washington en janvier 1942, les Alliés décident de coordonner leur politique militaire. Churchill et ses chefs d'état-major préconisent un assaut contre l'Allemagne par la Méditerranée, en frappant le «ventre mou» de l'Europe. Les Américains, quant à eux, craignant un effondrement total de l'URSS sous les coups de boutoir de la Wehrmacht, préfèrent une attaque sur les côtes de la Manche pour contraindre les Allemands

En septembre 1942, la VIe armée allemande atteint Stalingrad. Les Soviétiques résistent, se défendant maison par maison; ils lancent une puissante contre-offensive (au centre) et encerclent les Allemands.
Le 31 janvier 1943, le maréchal von Paulus se rend avec ses 90 000 hommes, marquant le tournant de la guerre à l'Est.

Le premier raid des commandos britanniques est lancé en mars 1941 contre les îles Lofoten. Les mille hommes engagés détruisent des usines (ci-dessous) et coulent divers navires ennemis. En conséquence, les Allemands vont se croire obligés de laisser stationner en Norvège 300 000 hommes qui feront défaut en France au jour J.

LES ORIGINES DE L'OPÉRATION OVERLORD

à retirer du front de l'Est un maximum de troupes, soulageant d'autant la pression subie par l'armée Rouge. La conférence prend fin sans que soit trouvé un accord précis, mais les Américains suggèrent une opération, baptisée Sledgehammer («marteau-pilon»), consistant en un débarquement près de Calais au cours de l'été 1942. Cette initiative se doublerait d'une massive concentration de troupes en Grande-Bretagne en prévision d'une invasion de grande

Lord Louis Mountbatten (ci-dessous), cousin du roi George VI, officier dans la Royal Navy, monte l'opération sur Dieppe. Fin 1943, il est nommé commandant en chef des forces alliées en Asie du Sud-Est.

LE REVEIL DU NORD

UNE ACTION DESESPÉRÉE SUR L'ORDRE DE MOSCOU

DANS LES ENVIRONS DE DIEPPE, une grande tentative de débarquement anglo-américaine est brisée en 10 heures

envergure de la France, surnommée Round-up («rassemblement») au début de 1943. De plus, il faut impérativement venir en aide aux Soviétiques en ouvrant un second front. Mais où ? Là réside toute la difficulté.

En l'absence d'engins de débarquement et sachant que les sous-marins nazis font la loi dans l'Atlantique, tous ces projets ne sont, pour l'heure, que vues de l'esprit. Le transport d'hommes et de matériel, d'Amérique en Angleterre, est impossible. Churchill, toujours réaliste, souhaite un engagement des troupes américaines et propose qu'en 1942, les Alliés concentrent une partie de leurs forces pour occuper les colonies françaises d'Afrique du Nord. Ce sera l'opération Torch.

L'échec du raid sur Dieppe porte un coup sévère au moral des Alliés. Les plages sont jonchées de cadavres et d'épaves d'engins de débarquement (à droite). Bien que les attaques de flanc soient couronnées de succès, l'assaut frontal se solde par un désastre et les Canadiens y laissent 3 379 hommes, tués ou faits prisonniers. Lord Louis Mountbatten devait déclarer par la suite que chaque soldat tombé devant Dieppe a permis d'épargner dix vies humaines le Jour J.

L'OPÉRATION SLEDGEHAMMER

Les leçons du raid sur Dieppe

En octobre 1941, Churchill nomme un jeune capitaine, lord Louis Mountbatten, à la tête des Opérations Combinées avec ces consignes : «Vous devez préparer l'invasion de l'Europe car, à moins de porter le combat contre Hitler sur terre, nous ne gagnerons jamais cette guerre.» L'objectif final est de débarquer une force suffisante pour tenir un port pendant un certain temps avant de se retirer, effectuant ainsi, à une échelle réduite, un prélude à une action de grande envergure. Une autre raison est d'attirer la Luftwaffe à venir se battre en plein ciel et surtout d'inciter les troupes allemandes à dégarnir le front de l'Est.

Le raid sur Dieppe en août 1942 est confié à la 2ᵉ division d'infanterie canadienne, appuyée par les nouveaux tanks Churchill de 40 tonnes, qui doit débarquer juste devant l'objectif, pendant que les commandos

A Dieppe, a lieu le premier débarquement de chars d'assaut en appui d'infanterie. Le type utilisé est le tank anglais Churchill Mark III (ci-dessous). Quelques-uns seulement sont capables de se dégager des obstacles semés sur la plage. Ceux qui réussissent à pénétrer en ville sont stoppés par les blocs de béton placés dans les rues. Des versions améliorées du Churchill seront employées le Jour J.

attaqueront sur les flancs pour neutraliser les batteries côtières installées sur les falaises. Mais la Royal Navy ne voulant pas risquer ses grosses unités dans les eaux étroites de la Manche, l'assaut n'est précédé d'aucune préparation d'artillerie de marine. Ainsi, dès que les Canadiens mettent le pied sur le sol français, ils sont accrochés sur la plage exposée aux tirs et seuls quelques-uns parviennent à franchir la digue de béton et à s'infiltrer en ville. Malgré d'innombrables actes individuels de courage, la moitié des hommes débarqués sont mis hors de combat, tués, blessés ou faits prisonniers ; les services de propagande du Reich se voient ainsi apporter sur un plateau une belle victoire.

Les enseignements recueillis au prix de tant de sang sont nombreux. Les barges de débarquement, de plusieurs types, construites en contre-plaqué, ont facilement été détruites par les armes ennemies. Les liaisons entre les états-majors embarqués et les troupes à terre se sont révélées catastrophiques, au point que les officiers commandant l'expédition n'eurent à peu près aucune idée de ce qui se passait en première ligne.

Plus important encore, il se révèle impossible de donner l'assaut et de s'emparer d'un port puissamment défendu, toute invasion ne pourra avoir lieu que sur des plages ouvertes. Parallèlement, il est décidé que, pour pouvoir déployer suffisamment d'hommes et de matériel, il faudra concevoir, réaliser et mettre en place, sur les plages choisies, les éléments d'un port artificiel qui devront être remorqués à travers la Manche.

Le général Dwight D. Eisenhower (1890–1969) est né au Kansas dans une famille pauvre de sept enfants. Diplômé de West Point en 1915, il sert essentiellement dans les états-majors à l'exception d'un bref commandement à la tête d'un bataillon d'infanterie en 1939. En 1942, il est envoyé en Angleterre pour diriger les forces américaines et nommé commandant en chef allié lors de l'opération Torch (ci-dessous). Habile diplomate, il réussira à maintenir la cohésion entre les armées alliées.

L'opération Torch

Le raid sur Dieppe met fin à l'opération Sledgehammer, mais l'enthousiasme de Churchill grandit en voyant les états-majors concentrer leurs efforts sur un projet de débarquement en Afrique du Nord pour novembre 1942. En octobre, le général Montgomery, à la tête de la VIIIe armée anglaise, remporte la brillante victoire d'El-Alamein, à la frontière égyptienne, contre l'Afrika Korps de Rommel.

Le commandant en chef désigné pour l'opération Torch est un général de brigade américain à peu près inconnu, Dwight D. Eisenhower, qui s'est révélé un officier d'état-major parfaitement compétent mais qui n'a jamais commandé d'unité plus importante qu'un bataillon. Promu en hâte au grade de général, «Ike», comme on le surnomme affectueusement, constitue son équipe avec trois adjoints britanniques, respectivement chargés des opérations aériennes,

Né en 1891, le maréchal Erwin Rommel est un héros de la Première Guerre mondiale. Lors de la campagne de France en 1940, il est nommé à la tête de la 7e division de Panzer. Remarquable officier de blindés, il est envoyé en 1941 en Afrique du Nord où il est bien près de s'emparer de l'Egypte. Battu à El-Alamein en 1942, il est promu au commandement du groupe d'armée B et, fin 1943, il est chargé d'assurer la défense des côtes de Normandie.

maritimes et terrestres. Les problèmes logistiques à résoudre sont colossaux car hommes et équipement doivent être amenés dans la zone des combats en traversant un océan infesté de sous-marins allemands et sous la menace constante des bombardiers. Les Américains n'ont encore aucune expérience de la guerre moderne et de nombreuses unités de leur armée n'ont subi qu'un entraînement sommaire et théorique.

Les Alliés nourrissent l'espoir que le général Giraud pourrait prendre le pouvoir en Afrique et, dans ce dessein, ils le font évader de France. A son arrivée, il se trouve confronté à l'hostilité des autorités locales demeurées fidèles au régime de Vichy et Eisenhower est contraint de traiter avec l'amiral Darlan qui se trouve à Alger. Le contact noué avec Darlan, qui est assassiné quelques semaines plus tard, provoque la fureur du général de Gaulle – qui n'est pas mieux accepté par l'administration française de la région. Sur l'insistance des Alliés, de Gaulle et Giraud échangeront une glaciale poignée de main à Casablanca, mais les rivalités entre les diverses factions françaises vont continuer d'obscurcir longtemps l'horizon politique.

Les Alliés débarquent en trois endroits : Alger, Oran et Casablanca, ne rencontrant qu'une résistance symbolique des troupes de Vichy stationnées en Afrique du Nord. Militairement parlant, c'est un total succès. Mais la Wehrmacht décide l'occupation de la «zone libre», par mesure de rétorsion. Devant cette invasion, la flotte française basée à Toulon se saborde pour ne pas tomber aux mains des nazis. Les Alliés, pour leur part, disposent maintenant d'un solide tremplin pour lancer d'autres assauts contre les secteurs de la Méditerranée tenus par les Allemands.

La conférence de Casablanca est l'occasion pour Churchill et Roosevelt d'aplanir leurs divergences. Les Anglais sont partisans d'une offensive en Méditerranée alors que les Américains préconisent une invasion à grande échelle à travers la Manche en 1944. Au second plan, les Alliés doivent subir les rivalités entre les diverses factions françaises. Sous l'œil des deux chefs d'Etat, de Gaulle et Giraud doivent s'entendre.

Le COSSAC : les architectes du Jour J

En janvier 1943, Churchill rencontre le président Roosevelt à Casablanca en présence des chefs d'état-major britanniques et américains. Eisenhower reçoit l'ordre de préparer l'assaut contre la Sicile et, dans le même temps, il est convenu que les préparatifs de Round-up continueront d'être menés bon train, même si l'expédition est reportée à 1944. Pour coordonner toutes ces activités, on crée au plus haut niveau, à Londres, un organisme chargé d'explorer toutes les possibilités d'un débarquement en France, placé sous l'autorité du général major sir Frederick Morgan. Celui-ci reçoit le titre de chef d'état-major du commandant en chef allié, lequel n'a pas été désigné, et son équipe est bientôt dénommée par son sigle COSSAC (*Chief of Staff to the Supreme Allied Commander*).

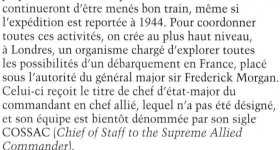

La tâche principale du COSSAC est de jeter les plans d'une invasion de l'Europe, baptisée opération Overlord. Morgan fait appel à tous ceux qui ont élaboré Torch et Sledgehammer mais, à part cet appui, il doit partir de zéro. Dès le début, les stratèges se trouvent confrontés au sévère manque de moyens de transport transatlantique car, au début de 1943, les sous-marins allemands coulent plus de navires que les chantiers navals ne peuvent en produire. Pourtant, petit à petit, la bataille de l'Atlantique tourne en faveur des Alliés et, dans les chantiers

Pour le ravitaillement des troupes alliées, le génie de l'improvisation, typiquement américain, est mis à rude épreuve. Des chantiers navals spécialisés, travaillant jour et nuit, construisent à la chaîne des cargos que l'on surnomme Liberty ships. On abandonne les méthodes traditionnelles de construction et des équipes d'ouvriers volontaires venus de tous horizons soudent les unes aux autres en un temps record les sections de navire préfabriquées.

américains, les techniques de production en série, dérivées de l'industrie automobile, sont mises en œuvre pour la construction des célèbres Liberty ships.

Où débarquer ?

Logiquement, le choix aurait dû se porter sur la route la plus courte. Pratiquement, ce choix se réduit au Pas-de-Calais, mais les Allemands, qui s'en doutent, y renforcent considérablement leurs ouvrages défensifs.

Après mûre réflexion, l'équipe du COSSAC opte pour le Cotentin, dans une zone située entre l'Orne et la Vire. Ce plan est approuvé lors de la conférence de Québec en août 1943, bien que, en arrière-plan, les discussions anglo-américaines concernant la stratégie à adopter sur le théâtre d'opérations méditerranéen continuent d'alourdir l'atmosphère. Naturellement, Washington souhaite consacrer un maximum d'engins de débarquement aux campagnes du Pacifique, alors que Churchill réclame une invasion de l'Italie où le gouvernement de Mussolini vient d'être renversé. Il est aussi suggéré un débarquement dans le midi de la France – nom de code Anvil, «enclume» – pour contraindre les Allemands à dégarnir leurs forces stationnées en Normandie.

Au début de septembre, les Alliés prennent pied en Italie, mais, alors qu'on a espéré un effondrement rapide de l'ennemi, Hitler engage d'importants renforts. Le débarquement à Salerne faillit tourner au

Pour les Alliés, le Pas-de-Calais représente le secteur le plus approprié pour un débarquement. C'est la région de France la plus proche des centres industriels de l'Allemagne et elle peut bénéficier de l'appui de l'aviation basée en Angleterre, à quelque 30 km. Mais les défenses ennemies y sont particulièrement importantes et les falaises un obstacle majeur.

LES ORIGINES DE L'OPÉRATION OVERLORD

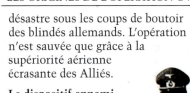

désastre sous les coups de boutoir des blindés allemands. L'opération n'est sauvée que grâce à la supériorité aérienne écrasante des Alliés.

Le dispositif ennemi

A l'origine, les côtes françaises étaient considérées par les Allemands comme le tremplin d'une invasion de l'Angleterre, mais, avec l'abandon de ce projet et la guerre contre la Russie, Hitler décide de ne laisser que quelques troupes à l'Ouest et de fortifier puissamment la côte de façon à décourager toute tentative de débarquement anglais. La défaite de Dieppe le conforte dans cette idée. Toutefois, quand l'Amérique entre en guerre, il comprend qu'une nouvelle invasion est imminente. Il nomme le maréchal von Rundstedt commandant en chef de l'Ouest avec la charge de défendre une frontière de près de 5 000 km s'étendant de la mer du Nord à la côte basque.

Les travaux de construction du Mur de l'Atlantique commencent vraiment au début de 1942. Ceux-ci sont principalement concentrés dans le Pas-de-Calais et autour des grands ports. Au sud de Calais, des batteries d'artillerie lourde capables d'atteindre l'Angleterre sont enterrées sous de massifs

Le maréchal Gerd von Rundstedt (ci-contre), âgé de soixante-neuf ans, est l'officier général le plus élevé en grade de l'armée allemande. D'un caractère très critique et plein de mépris pour les nazis, son titre de commandant en chef de l'Ouest est surtout honorifique car les décisions importantes relèvent uniquement de Hitler.

Face aux Anglais, les Allemands installent des stations radar de surveillance (en haut à gauche) sur les côtes françaises.

LE MUR DE L'ATLANTIQUE 25

bunkers de béton et donnent naissance à une série d'ouvrages de qualité inégales. Des centaines de blockhaus sont construits en bord de mer, avec des casernements d'infanterie auxquels ils sont reliés par des souterrains. Des stations radar sont implantées mais, dans de nombreux cas, les communications avec les états-majors situés à l'arrière ne sont assurées que par le téléphone.

Les soldats allemands font le guet sur le Mur de l'Atlantique, une digue de béton flanquée de bunkers.

Nouveautés pour Overlord

L'amère expérience de Dieppe a convaincu les stratèges alliés de la nécessité de ports artificiels. Une équipe est constituée des plus brillants ingénieurs des travaux publics qui conçoivent ce qu'on appela les ports «Mulberry» composés de caissons en béton assemblés les uns aux autres pour former des quais.

Parallèlement, les tacticiens se penchent sur les problèmes de ravitaillement en carburant et forment un projet baptisé Pluto (*Pipe-Line under the Ocean*). On essaye deux prototypes, l'un constitué d'un tuyau flexible et l'autre, baptisé Hamel, fait de tubes soudés les uns aux autres, enroulés sur un énorme tambour. Des stations de pompage sont construites sur la côte sud de l'île de Wight.

Revenant sur les leçons de Dieppe, on comprend également que, sans l'appui d'engins blindés, l'infanterie ne pourra se battre sur les plages et qu'il faut concevoir des tanks spéciaux pour neutraliser les bunkers, ouvrir des passages dans les champs de mines, combler les fossés anti-chars et remplacer les ponts détruits. L'un des pionniers des blindés du génie, pendant les années 1930, est le général major

Ci-dessus, un des énormes tambours flottants sur lesquels est enroulé le pipe-line Pluto. Pendant qu'on les remorque vers la France, ils déroulent la canalisation sur le fond de la mer. 20 000 hommes sont affectés à la construction des ports Mulberry. Pour protéger les plages, de nombreux bateaux seront coulés au large pour former des brise-lames, appelés «Gooseberry». Puis, des caissons de béton «Phoenix» (ci-dessus), déplaçant chacun 600 tonnes, seront posés sur le fond pour constituer une barrière solide. A l'intérieur du port, les navires mouilleront le long de quais baptisés «Spud» reliés à la plage par des passerelles flottantes.

PLUTO ET MULBERRY

Percy Hobart, forcé de démissionner de l'armée en raison des ses idées «non orthodoxes», qui, en 1940, a repris du service comme simple caporal dans la Home Guard (la «Territoriale»). Churchill, le tirant de l'oubli, lui confie la charge de concevoir toute une gamme d'engins spéciaux, regroupés en 1943 pour former la 79e division blindée.

Les chefs d'état-major alliés : le SHAEF

Le choix du commandant suprême de la force expéditionnaire (*Supreme Headquarters Allied Expeditionary Force*, SHAEF) dépend d'un délicat marchandage politique entre Américains et Britanniques, bien qu'il ait été préalablement convenu que ce sera

Le général Percy Hobart (ci-contre), inventeur des tanks appelés «Funny», est le beau-frère de Montgomery. Le raid de Dieppe lui a appris que, sans protection, le génie ne peut remplir sa tâche sur les plages et, en 1943, il reçoit mission de trouver les moyens de le mettre à l'abri. Le «Crocodile» est un char Churchill équipé d'un lance-flammes. Le «Crab» est un Sherman doté d'un tambour rotatif auquel sont fixées des chaînes qui détruisent les mines. Parmi les AVRE (véhicules blindés du génie), on trouve les «poubelles volantes» portant un mortier de gros calibre destiné à pilonner les bunkers.

LES ENGINS SPÉCIAUX   29

Quelques exemples des tanks Funny. En haut, à gauche, le mortier lanceur de bombes incendiaires emplies de napalm. En bas, à gauche, le Crocodile, redouté des Allemands, son jet de flammes pouvant être dirigé sur les meurtrières des blockhaus. A droite, un tank «Bobbin» qui déroule un tapis de toile sur le sable mou. D'autres engins sont mis au point : le tank «Fascine» pour combler les fossés anti-chars en y déversant d'énormes fagots de bois, et l'ARC qui porte un pont articulé déployé sans que l'équipage s'expose au feu ennemi.

nécessairement un officier américain en raison de la prépondérance des troupes et des matériels des Etats-Unis engagés dans l'armée d'invasion. Le choix se porte sur le général Eisenhower, nommé au début de décembre 1943. Il s'adjoint le maréchal de l'air britannique Tedder, commandant en chef des forces aériennes alliées en Méditerranée. A la marine, le candidat tout désigné est l'amiral Ramsay qui a dirigé les débarquements de l'opération Torch et, à la tête des forces aériennes tactiques, on appelle le maréchal Leigh-Mallory. Pour les forces terrestres, le choix d'un commandant en chef donne lieu à multiples controverses.

Eisenhower (à gauche) aurait préféré que le général Alexander (à droite) soit nommé à la tête des forces terrestres d'Overlord mais ce dernier n'a pas une grande force de caractère et n'est pas un très fin stratège. En tant que commandant en chef au Moyen-Orient, Alexander est le supérieur hiérarchique de Montgomery et le laisse mener campagne contre Rommel.
Le maréchal de l'Air Tedder (au centre), adjoint direct d'Ike pour Overlord, a en charge l'aviation alliée. Aviateur hors pair pendant la Première Guerre mondiale, doué d'une intelligence exceptionnelle, il doit coordonner l'appui aérien des troupes terrestres.

LES MAÎTRES DU SHAEF

Eisenhower aurait aimé désigner le général Alexander, mais on juge qu'il vaut mieux qu'il poursuive la campagne d'Italie. A sa place, est nommé le général Montgomery, indiscutablement l'homme de la situation. Le chef de la VIIIe armée anglaise est un petit homme nerveux, sûr de lui, suffisant, servi par la chance et extrêmement arrogant, mais il a pour lui une volonté inflexible d'écraser l'ennemi.

Le SHAEF établit ses quartiers à l'ouest de Londres. Bolero est le nom de code de l'organisation chargée du transport des troupes américaines vers l'Angleterre qu'il faut, dès leur arrivée, nourrir, loger et entraîner.

Montgomery arrive en Angleterre en janvier 1944 pour hériter des plans élaborés par le défunt COSSAC. Avec son esprit incisif, il estime tout de suite que le front envisagé est beaucoup trop étroit et que le nombre des divisions à jeter dans la bataille doit être porté à cinq afin d'étendre l'invasion à l'ouest de la Vire pour s'emparer dès que possible de Cherbourg. Bien qu'il soit soutenu par Eisenhower, l'inévitable querelle entre Alliés resurgit. En Italie, les combats ont dégénéré en une cruelle guerre d'usure et la tentative de débarquement en force à Anzio, en janvier 1944, a failli échouer. Les barges de débarquement disponibles y ont été envoyées pour ravitailler les assaillants, et retirer les engins de ce champ de bataille pour engager l'opération Overlord signifie le report d'Anvil, le débarquement allié en Provence.

L'amiral sir Bertram Ramsay se rend célèbre en organisant l'évacuation des Anglais et des Français de Dunkerque en 1940. Il est le grand architecte de l'opération Neptune. Ses navires réussissent à mettre à terre un million d'hommes et tout leur équipement. Il trouvera la mort dans un accident d'avion en janvier 1945.

Intoxication et espionnage : l'opération Fortitude

Ayant choisi les lieux de l'invasion, il devient indispensable de persuader les Allemands qu'elle aura lieu ailleurs – dans le Pas-de-Calais –, d'où la mise en place d'une campagne d'intoxication de l'ennemi baptisée Fortitude. Les vols de reconnaissance de la Luftwaffe sont tenus en échec du fait de la supériorité

Pour la reconnaissance des plages, le sous-marin anglais miniature de la classe X emporte deux hommes-grenouilles. Dans la nuit du 17 au 18 janvier 1944, deux nageurs de combat touchent terre à Vierville pour rapporter des échantillons de sable. Une sentinelle allemande passe si près qu'elle marche sur la main d'un des hommes. Trois jours avant l'invasion, deux sous-marins se poseront sur le fond devant les plages. A l'aube du 6 juin, ils feront surface et actionneront leurs balises radio pour guider les engins de débarquement.

aérienne des Alliés et seuls quelques avions allemands sont «autorisés» à survoler le Kent où ils photographient des leurres, d'énormes concentrations de chars et d'engins de débarquement construits en caoutchouc, en contre-plaqué et en toile.

Un autre préparatif de diversion est la création d'un grand quartier général imaginaire pour le groupe d'armées Patton, basé dans le Kent, qui encombre les ondes d'un faux trafic radio. Les Allemands savent que Patton est un officier particulièrement combatif, mais ils ignorent son rôle réel.

Le jour J, Fortitude doit envoyer en Manche de longs convois de petits bateaux équipés de leurres radar pour simuler les mouvements d'une véritable armada faisant route sur Dieppe. Ces mesures réussirent si bien que le haut commandement allemand demeura dans l'ignorance des desseins réels des Alliés jusqu'au début de l'opération Overlord.

Outre la masse de renseignements fournis par la Résistance et les photographies aériennes, le haut commandement a besoin d'informations précises sur

la nature des obstacles installés sur les plages et sur la consistance du sable, ainsi que sur les zones marécageuses en retrait de certaines plages. Des spécialistes sont regroupés au sein d'une unité appelée COPP (*Combined Operations Pilotage Parties*). Elle est constituée d'équipes de deux hommes-grenouilles entraînés à débarquer silencieusement de canoës ou de sous-marins miniature. Les COPP effectuent un grand nombre de missions secrètes sur les plages de Normandie, au début de 1944. A la fin de février, ces «visites» sont interrompues de peur qu'en cas d'incident un des hommes soit capturé et qu'ainsi l'attention de l'ennemi soit attirée sur ce secteur.

Ce char Sherman gonflable, grandeur nature, porté par son «équipage» n'est qu'un exemple des moyens employés pour l'opération Fortitude. Des soldats munis de semblables engins factices et d'un compresseur d'air se déploient en tous sens pendant la nuit pour faire croire à l'existence de concentrations de troupes en face de Calais. En une nuit, des petits ports sont truffés de faux engins de débarquement et certains terrains d'aviation de faux avions. Les réalisateurs de cette mise en scène sont recrutés parmi les décorateurs de théâtre.

Quelles que soient la valeur d'un plan d'action et la fiabilité des renseignements recueillis sur l'ennemi, aucune armée ne peut gagner une bataille sans un support logistique éprouvé. Pour un homme en première ligne, il en faut six ou sept à l'arrière à seule fin de lui fournir tout ce dont il aura besoin pour se battre efficacement. A une époque où l'informatique n'existe pas, la réussite du Jour J et de la campagne de Normandie tient pour une grande part à la perfection des préparatifs.

CHAPITRE II
PRÉPARATIFS ET DÉCLENCHEMENT

Pendant que von Rundstedt (à droite) mène une vie de château près de Paris, sur la côte sud de l'Angleterre, l'armée d'invasion s'entraîne à débarquer.

Dès janvier 1944, les comtés du sud de l'Angleterre sont transformés en un vaste camp militaire

Les grands paquebots *Queen Mary* et *Queen Elisabeth*, repeints en gris terne, reprennent du service pour transporter des milliers de GI's d'un côté à l'autre de l'Atlantique. Déjà, près d'un million d'hommes sont rassemblés dans les camps du Somerset, du Devon et du Dorset. De façon générale, cette invasion pacifique provoque peu de frictions avec les résidents.

Les troupes anglaises sont concentrées dans les comtés du Sud et du Sud-Est, de même que les Canadiens qui s'entraînent sur de larges secteurs des Downs du Sussex. Les hôtels, pensions de famille et écoles sont réquisitionnés pour y cantonner les soldats et les petits ports voient leur plan d'eau se couvrir d'innombrables engins de débarquement. Nourrir, loger, approvisionner et soigner une telle multitude exige la création *ex nihilo* d'une organisation extraordinairement complexe et, en un certain sens, les héros obscurs du Jour J sont justement ces hommes et ces femmes qui mettent en place sans incident majeur la logistique préalable à l'invasion.

Une des nombreuses photos de propagande pour montrer la bonne éducation des officiers «yankees», ici prenant le thé avec un pasteur anglais.

LES GI'S EN ANGLETERRE 37

Les soldats américains, qui ici défilent dans un village anglais, ont tous reçu un petit guide pour les familiariser avec les mœurs et les coutumes des Britanniques.

De plus, les divisions d'assaut doivent disposer de terrains d'entraînement sur des plages ressemblant à celles de Normandie. Certaines zones côtières sont alors déclarées terrains militaires et vidées de leurs habitants. Slapton Sands, dans le Devon, est choisi pour l'entraînement des troupes américaines. Huit villages sont complètement évacués à partir du 20 septembre 1943.

Pour s'assurer que chaque homme sera embarqué sur le bon navire dans le bon port, un réseau de camps est mis en place près des côtes, dans ce qu'on appelle des «zones de triage». La zone A, par exemple, au nord de Portsmouth, compte dix-sept camps et on a dessiné soixante-dix kilomètres d'aires de stationnement pour les véhicules. Ces camps sont encerclés de barbelés pour que, une fois à l'intérieur, les troupes d'assaut reçoivent les dernières consignes sur leur destination et soient isolées du monde extérieur. En outre, il faut construire d'énormes entrepôts, élargir les étroites et sinueuses routes de la campagne anglaise,

Le chocolat Hershey's est la gourmandise préférée des enfants anglais longtemps sevrés de sucreries.

renforcer les ponts pour supporter le poids des blindés et poser des centaines de kilomètres de rails.

On élabore des plans de chargement des navires de l'armada d'invasion, car ils doivent tous mettre à terre, dans l'ordre voulu, chaque homme et chaque matériel au bon endroit. Une formation d'assaut regroupe aussi bien l'infanterie que les blindés d'appui tactique, les opérateurs radio, le génie, les équipes médicales, etc. Dès que, après avoir débarqué, les artilleurs progresseront vers l'intérieur, le deuxième échelon doit arriver avec les renforts, des munitions, des véhicules pour remplacer ceux mis hors de combat, des pièces détachées, du

La clef du succès du débarquement est l'entraînement intensif des troupes. De vastes étendues de la campagne anglaise sont transformées en champs de tir interdits aux civils. Ces exercices se déroulent dans des conditions aussi proches que possible de la réalité et on y met à l'épreuve la coordination de l'infanterie et des blindés avec l'aviation d'appui au sol. Il faut aussi faire des exercices avec la marine qui transportera les assaillants le jour J. Enfin, il faut veiller à l'imperméabilisation des armes. Pour les unités affectées à des missions spéciales, telles que la prise d'une batterie d'artillerie côtière, on reconstitue, grandeur nature, les objectifs, y compris les casemates et les tranchées.

carburant, des rations, de l'artillerie, sans oublier les cuisines ambulantes et leur personnel. Les bateaux repartiront alors vers l'Angleterre en emportant les blessés, les prisonniers de guerre et les véhicules endommagés.

L'intendance travaille aussi à rassembler tous les véhicules – comme ici les ambulances – et l'équipement.

Dernière mise au point

Le jour J idéal est celui où tout doit être fin prêt, en attente de l'ordre du commandant en chef. Il est primitivement fixé au 1er juin, date après laquelle aucune modification ne doit plus être apportée. Cette information est donnée lors d'une conférence qui réunit le grand état-major, les tacticiens les plus gradés et les officiers généraux jusqu'au niveau de la division, au quartier général du 21e groupe d'armées dans

les locaux de Saint Paul's School à Londres le 15 mai;
y assistent également le roi George VI et Winston
Churchill. Le général Eisenhower déclarera à l'issue
de la réunion que «Hitler a manqué la seule et unique
occasion d'anéantir d'une seule bombe bien placée
tout le haut commandement allié». Montgomery,
«très à l'aise et mesuré», dominant parfaitement son
sujet, expose le programme en moins de dix minutes.
A trois semaines du jour J, il ne reste aux
commandants des grandes unités qu'à effectuer
une harassante «tournée des popotes» auprès de
toutes les formations d'assaut.

Pendant ces visites, les états-majors se transportent

Photo, destinée aux livres d'histoire, montrant le commandement suprême allié. A droite, le général Bedell-Smith, chef d'état-major d'Eisenhower, qui conçoit l'organisation du SHAEF. Tous sont en grand uniforme, sauf Montgomery qui porte le blouson de campagne, réglementaire dans l'armée anglaise.

dans le Hampshire, juste au nord de Portsmouth, où le SHAEF et le 21e groupe d'armées établissent leur quartier général au château de Southwick House, réquisitionné pour loger les services de l'amiral Ramsay. C'est de là que sera donné l'ordre d'engager l'opération Neptune.

Au-delà de la Manche : la Résistance

Sur le sol normand, deux forces sont en présence : les Allemands et la Résistance. Cette dernière reçoit l'ordre de garder un profil bas, de recueillir un maximum de renseignements, mais de ne rien faire qui puisse provoquer des représailles. L'approvisionnement des maquis incombe principalement au SOE anglais (*Special Operations Executive*), mais, peu avant le jour J, le général Kœnig est reconnu comme le chef des Forces françaises de l'intérieur (FFI), cela afin de coordonner les diverses factions.

Pour les stratèges d'Overlord, la mission essentielle de la Résistance est de freiner par tous les moyens les mouvements des divisions blindées allemandes, pour les empêcher de rejoindre la zone des combats. Ce plan, baptisé Bibendum, est adopté le 19 mai. Pour

Le général Pierre Kœnig est désigné pour commander les FFI qui se battront sur le sol français. Auparavant, il a commandé la brigade française qui s'est illustrée par sa bravoure à Bir Hakeim. Les stratèges alliés craignent fort que les diverses factions politiques opérant au sein de la Résistance n'en viennent à se battre entre elles plutôt que contre les Allemands. L'approvisionnement de la Résistance est assuré par le SOE à Londres, divisé en plusieurs sections regroupant des Anglais et les différents réseaux français libres. Le 1er juillet, tout sera rassemblé sous le commandement unique de Kœnig. Sa tâche sera rendue difficile par l'arrivée d'officiers «giraudistes», venant d'Alger, qui ne connaissent rien au traitement des agents secrets.

PRÉPARATIFS ET DÉCLENCHEMENT

Nuit après nuit, des bombardiers convertis en avions de transport s'envolent, chargés d'armes, de munitions et d'explosifs indispensables aux actions des résistants français. A terre, des groupes anxieux d'hommes et de femmes écoutent le ronronnement des moteurs avant de baliser les zones de largage, redoutant l'irruption des Allemands alertés par les avions.

aguerrir et armer les résistants, un grand nombre d'équipes, les «Jedburgh», sont parachutées un peu partout sur le sol français. Elles se composent de deux instructeurs en uniforme, anglais ou américains, et d'un opérateur radio, suivies de plusieurs formations, plus importantes, d'hommes du Special Air Service – le SAS – largués en parachute avec leurs Jeep.

SABOT

Partout, de petits groupes de patriotes, hommes et femmes, s'engagent dans cette lutte où ils essuient de terribles pertes, sabotant les lignes de chemin de fer, faisant sauter des ponts, coupant les fils du téléphone. Ces «terroristes», comme les nomment les nazis, indiquent par radio à Londres les objectifs à bombarder et n'hésitent pas à assassiner des officiers allemands. Eisenhower déclarera plus tard que les activités de la Résistance ont contribué à réduire la durée de la guerre d'au moins neuf mois et on estime qu'elles ont empêché cinq ou six divisions allemandes de rejoindre en temps opportun le front de Normandie.

Les divers réseaux de la Résistance sont prévenus

Utilisant des pains de plastic calés sous les rails, de préférence dans une courbe pour rendre plus difficile la réparation, les résistants placent un détonateur à pression pour faire sauter la voie au passage de la locomotive. Le général Kœnig affirme qu'il sera inutile de bombarder les chemins de fer car ses hommes pourront parfaitement obtenir, à eux seuls, les mêmes résultats.

MOBILISATION DE LA RÉSISTANCE

par des «messages personnels» envoyés sur les ondes par la BBC, constitués de deux vers extraits d'un célèbre poème. Quand le premier vers sera diffusé, les résistants sauront que l'invasion est imminente. Dès l'émission du second vers, ils passeront à l'attaque sur un certain nombre de cibles préalablement convenues avec Londres.

L'entrée en scène du maréchal Rommel, début janvier, provoque une agitation frénétique en Normandie

Les soldats allemands sont affectés à la construction de nouvelles défenses, notamment l'inondation des basses terres ou l'érection de pieux, appelés «asperges de Rommel», dans les champs susceptibles d'être

Les postes radio émetteurs-récepteurs anglais, comme celui-ci, sont fournis aux résistants. La tâche des opérateurs appelés «pianistes» est extrêmement risquée car les appareils de détection allemands sont capables de les localiser rapidement. Beaucoup mourront dans les camps d'extermination nazis.

utilisés par les planeurs. Des centaines de mines sont enterrées, des casemates supplémentaires construites. Par chance pour les Alliés, les nazis sont sévèrement handicapés par le manque de main-d'œuvre et de moyens techniques.

Rommel est convaincu que la seule façon de battre les Alliés sera de les arrêter sur le rivage avant qu'ils puissent consolider leur tête de pont. Aussi demande-t-il que les divisions de Panzer disponibles tiennent garnison le plus près possible des côtes. Son supérieur hiérarchique, le vieux maréchal von Rundstedt, est pour sa part d'un avis diamétralement opposé. Il estime qu'un

Le maréchal Rommel au cours d'une de ses fréquentes tournées d'inspection, examine ses «asperges» sur une plage. Pour lui, il faut détruire l'armée d'invasion avant même qu'elle touche terre. Pourtant le 6 juin, de nombreux ouvrages ne sont pas terminés.

LES «ASPERGES» DE ROMMEL 45

Le 6 mai 1944, l'état-major allemand se réunit à Paris à l'hôtel Prince de Galles. De gauche à droite : le général Geyr von Schweppenburg, commandant le groupe d'armées Panzer, le général Blaskowitz, du groupe d'armées G, le maréchal Sperrle, commandant en chef de la Luftwaffe, von Rundstedt, Rommel et, représentant la Kriegsmarine, l'amiral Kranke. Leur principal sujet de discussion est le débarquement allié que leurs services de renseignements annoncent pour le 18 mai.

groupe de divisions blindées doit se tenir largement en retrait du front afin d'être engagé dans une contre-attaque décisive qui rejettera les assaillants à la mer. Cet avis est partagé par le général Geyr von Schweppenburg, commandant le groupe Panzer ouest.

Tout au long du printemps 1944, la discussion fait rage. Hitler, au courant, place en réserve, cantonnées près de Paris, quatre divisions blindées sous son commandement personnel, et Rommel ne peut disposer que de trois divisions de Panzer pour couvrir toute la côte, entre la Scheldt et l'embouchure de la Loire. Bien qu'il soit de plus en plus certain que le débarquement aura lieu sur les plages normandes, il laisse deux divisions au nord de la Seine et la 21e Panzer prend position au sud de Caen projetant la prise de la ville dès le jour J.

La défense de la Normandie est confiée à la VIIe armée, placée sous les ordres du général Dollmann. Le Cotentin est tenu par le 74e corps, dont le quartier général, établi à Saint-Lô, comprend quatre divisions d'infanterie de forteresse et une division aéroportée en réserve. La plupart des pièces d'artillerie ont été prises à leurs ennemis et elles manquent

Ci-dessous, un bunker allemand camouflé en maison normande. Les travailleurs engagés dans le réseau Century de la résistance locale ont fourni des informations sur les défenses allemandes.

de munitions. En outre, l'absence de moyens de transport implique que les soldats répartis le long des côtes seront condamnés à se battre sans pouvoir se déplacer. Presque tous les officiers allemands sont convaincus que le débarquement aura lieu au nord de la Seine, dans le Pas-de-Calais.

Répétitions du débarquement, les exercices Tigre et Fabius

Sur toutes les cartes et les maquettes utilisées pour l'instruction, les noms des villes ont été caviardés et un faux quadrillage topographique dissimule les véritables objectifs. Comme beaucoup d'unités d'assaut, en particulier américaines, manquent d'expérience, il faut mettre sur pied de nombreux exercices dont certains «à balles réelles», accompagnés de bombardements par les navires de guerre et de l'emploi de l'aviation d'appui au sol. Au cours de l'exercice Tigre, fin avril, la 4e division d'infanterie américaine débarque devant Slapton Sands avec mission de s'enfoncer dans l'intérieur jusqu'à ce qu'elle fasse sa jonction avec les 101e et 82e divisions aéroportées. Cette manœuvre engage la force navale américaine, appelée à transporter le 7e corps américain devant Utah Beach le jour J. En tout, 25 000 hommes et 2 750 véhicules et engins doivent être embarqués, débarqués puis récupérés après une manœuvre de trois jours. Par le plus grand des hasards, une flottille de vedettes rapides allemandes qui effectue une reconnaissance se heurte à l'un des convois. Celles-ci réussissent à couler deux LST – *landing ship tank*, «barges de débarquement de tanks» – et à en endommager sérieusement trois autres avant de s'éclipser. Les Américains doivent dénombrer sept cents victimes parmi leurs troupes. Le résultat immédiat est une épouvantable panique car on redoute que les Allemands aient pu s'emparer d'un officier

Le LST – en haut à gauche – est un navire de haute mer alors que son «petit frère», le LCT – à droite –, avec son fond plat et sa rampe basculante, peut aborder sur la plage et y débarquer ses quatre chars d'assaut. Ci-dessous, un officier anglais montrant aux parachutistes les lieux d'atterrissage sur une carte muette.

au courant des plans d'invasion, mais il se révèle que cette crainte est infondée. L'exercice Tigre se déroule dans un désordre total. Le commandant du bataillon d'assaut du génie est immédiatement relevé de son commandement, les services médicaux se révèlent incapables d'évacuer les victimes et les communications sont un fiasco complet. Le général Bradley déclare qu'il a assisté «plus à une manœuvre de temps de paix qu'à une répétition».

Quelques jours plus tard, l'exercice Fabius est nettement plus satisfaisant et les officiers parviennent à résoudre bon nombre de problèmes, comme l'utilisation de la marine, quand le grand jour sera venu.

La «machine à saucisses»

C'est le surnom donné au système d'arrivée des éléments d'assaut mis en place au cours du mois de mai, afin que les hommes n'apparaissent

Ici les dégâts causés à un LST américain lors de l'exercice Tigre, un mauvais coup du sort car le torpilleur d'escorte tomba en panne et dut retourner au port. Des vedettes lance-torpilles allemandes, en patrouille de routine, aperçurent les bateaux sans protection. Fonçant au milieu d'eux, elles lancèrent leurs torpilles et firent feu à bout portant avant de s'enfuir dans la brume de l'aube. Les pertes subies restèrent un secret sévèrement gardé qui ne fut levé que très récemment.

que lorsque l'ordre d'embarquer sera donné.

En ces derniers jours, la tâche à accomplir est écrasante. Tous les véhicules doivent recevoir leur équipement d'insubmersibilité et les armes, notamment les nouveaux tanks, subir des essais de tir et recevoir leurs signes de reconnaissance. Les denrées de tous ordres doivent être entreposées aux endroits prévus et les divisions de deuxième ligne prêtes à faire mouvement vers le sud, dès que les unités d'assaut auront embarqué. Des lointains ports d'Ecosse, le lent voyage des rafiots qui, une fois coulés, formeront les brise-lames Gooseberry, doit démarrer. Un certain affolement se manifeste à propos des caissons Phoenix qui constituent les ports Mulberry. Les éléments de béton et d'acier ont été immergés dans les eaux peu profondes près de Portsmouth afin de les dissimuler aux reconnaissances de l'aviation ennemie et quand vient le temps de les purger et de les faire flotter pour les remorquer de l'autre côté de la Manche, on découvre que les pompes ne sont pas assez puissantes. Il faut dépêcher en catastrophe sur les lieux des spécialistes pour éviter le désastre.

Mais, telle une immense mosaïque, tout se met graduellement en place. Personne ne prête attention aux deux sous-marins miniature de classe X qui se glissent silencieusement hors de Portsmouth et font route vers la côte normande. Ils ont pour mission de se poser au fond de la mer jusqu'à l'arrivée de la flotte d'invasion. A ce moment, ils feront surface et

La tension des GI's qui attendent leur embarquement témoigne de la sévérité de l'entraînement auquel ils furent soumis et de leur appréhension devant ce qui les attend sur l'autre rive de la Manche.

BRANLE-BAS DE COMBAT 51

déclencheront leurs émissions radio pour baliser les zones de débarquement.

L'opération Neptune et le report d'Overlord

Le nom de code de l'opération navale est Neptune et il est prévu que les premiers convois appareilleront dès le 1er juin. La flotte de l'amiral Ramsay est composée d'unités anglaises car la US Navy

Au quartier général de l'opération Neptune, à Norfolk House, Ramsay est assisté par les femmes des WRNS (*Women Royal Naval Service*) qui ont la charge des communications et du secrétariat.

concentre ses forces sur le théâtre d'opérations du Pacifique. Outre 137 vaisseaux de guerre chargés de bombarder les défenses côtières, sont rassemblés plus de 4 000 engins et péniches de débarquement de tous types, 700 navires de soutien et 900 cargos. A la veille du jour J, les dragueurs de mines doivent ouvrir des chenaux d'accès aux cinq formations d'assaut, une par plage, sous les ordres d'un bateau amiral. Chacune d'elles est appuyée par 6 cuirassés et 2 vieux *monitors* anglais, avec 23 croiseurs de bataille en soutien.

Ramsay est tributaire de la météo et des heures des marées. Eisenhower lui a dit : «Nous voulons traverser la Manche de nuit pour que l'obscurité dissimule notre importance et notre destination. Nous avons besoin de la lune pour nos parachutages. Nous avons besoin d'environ quarante minutes de jour avant l'heure H de l'assaut pour pouvoir parachever les bombardements préparatoires. Nous devons attaquer presque à marée basse afin de nous débarrasser des obstacles avant que la mer ne les recouvre.» En juin, ces conditions ne se présenteront qu'entre le 5 et le 7.

L'embarquement des hommes et des matériels commence le 2 juin et le 4, un véritable ouragan balaye les côtes sud de l'Angleterre, la pire tempête de ces quarante dernières années. A l'habituelle conférence de Southwick House, tous sont suspendus aux lèvres du chef des services météorologiques, le *group captain* Stagg de la Royal Air Force (RAF). Au petit matin du 4 juin, Eisenhower ordonne de reporter de vingt-quatre heures l'opération ce qui signifie que les hommes, déjà en proie au mal de mer, vont passer une journée inconfortable dans leurs navires à fond plat. Un peu plus tard dans la journée, Stagg peut annoncer une brève accalmie le 6. La dernière conférence météo a lieu à 3 h 30 le lundi 5 et c'est à

«UNE ACCALMIE POUR LE 6 JUIN»

ce moment que Ike, après avoir écouté les avis des officiers de son état-major, prononce ces paroles historiques : «*OK, let's go!*» Puis il se retire dans sa caravane et se met au lit, sachant qu'il ne peut rien faire d'autre.

Le départ, rassemblement à «Piccadilly Circus»

A Shoreham, à Southampton, à Portsmouth, à Portland comme à Plymouth et dans bien d'autres ports, les engins de débarquement sont tellement serrés les uns contre les autres qu'il est difficile de manœuvrer. A terre, d'interminables colonnes de véhicules avancent vers le sud, pare-chocs contre pare-chocs, sous l'œil intéressé des civils. Winston Churchill prend place dans son train spécial pour participer à l'action et seul un veto formel du roi George VI l'empêche de se rendre sur les côtes

Le 5 juin, les engins de débarquement étroitement alignés le long du *west dock* au port de Southampton attendent le feu vert de l'opération Overlord. Ike, qui vient de le donner, n'a plus grand-chose à faire. Dans la soirée, il se fait conduire au terrain d'aviation d'où doivent s'envoler les hommes de la 101e division aéroportée : «Je demeurai avec eux jusqu'à ce que le dernier ait pris l'air, aux environs de minuit».

Le général Montgomery, qui, en dépit de ses manières assez abruptes, jouit du profond respect de ses officiers, tient une dernière conférence avec son état-major en plein champ avant de s'envoler pour la Normandie.

françaises dès le jour J à bord d'un destroyer.

Les unités de la flotte d'assaut commencent de faire mouvement de Southampton dans l'après-midi du 5 juin, cependant que celles qui viennent de plus loin dans l'ouest ont appareillé en début de matinée. Chaque navire fait route vers un point de rendez-vous situé au sud de l'île de Wight – baptisé «Piccadilly Circus» – à partir duquel les divers convois se

À BORD DES BARGES

dirigeront vers la France. Les habitants du petit port de Salcombe, où a été ancrée une flottille de barges américaines, trouvent à leur réveil leur plan d'eau complètement vide.

A bord des bateaux, qui peinent dans la grosse mer, les commandants brisent les sceaux des enveloppes de mission qui leur ont été remises dès qu'ils ont passé les défenses extérieures des ports d'embarquement. Ils y trouvent les cartes et les plans qui, maintenant, portent les véritables noms de leurs objectifs,

"Les bateaux en forme de cercueils recevaient de lourds paquets d'eau verte qui tombaient sur les têtes casquées des soldats, à la fois unis et séparés par le sentiment de l'homme qui part au combat."
Ernest Hemingway

encore que le commando des Forces françaises libres (FFL), qui doit prendre pied sur Sword Beach ait déjà deviné sa destination. Sur les plus gros navires, on célèbre des services religieux suivis avec attention par de nombreux soldats, et on distribue des modèles de testament à ceux qui veulent rédiger leurs dernières volontés ou passer un dernier message aux leurs. La plupart des hommes raconteront, par la suite, cette sensation d'irréalité où ils étaient plongés alors qu'ils naviguaient en pleine nuit, livrés aux mains des marins. Lord Lovat partage une bouteille de gin avec ses officiers.

La nuit la plus longue

Sur le sol français, le maréchal Rommel a délaissé son commandement pour aller passer quelques jours en Allemagne, de même d'ailleurs que la plupart de ses officiers généraux, tous convaincus que l'invasion est improbable en raison des épouvantables conditions atmosphériques. Après le bulletin d'informations de minuit, la BBC diffuse un véritable flot de messages personnels et les hommes et les femmes de la Résistance se glissent dans la nuit noire.

Les parachutistes anglais embarquent ici d'un des nombreux terrains d'aviation disséminés au nord-ouest de Londres. C'est la plus grande concentration de parachutistes jamais organisée. Les appareils les plus utilisés sont les DC3 Dakota américains, d'où les hommes sautent par une porte latérale. Ils seront suivis de centaines de planeurs en contre-plaqué remorqués au-dessus de la Manche puis largués en Normandie. Bien que bon nombre d'entre eux se brisent en arrivant au sol, il en reste assez pour livrer leur cargaison de Jeep, d'hommes et de pièces d'artillerie légère.

A la tombée du jour, les troupes aéroportées se dirigent vers les avions et les planeurs parqués aile dans aile sur des douzaines de terrains d'aviation. Le premier avion à décoller est un Albermale de la RAF transportant un groupe de la 22e compagnie de parachutistes qui doit repérer les zones de largage et les marquer avec des torches et des balises radio.

Une jeune femme, employée à la poste de Langrune-sur-Mer, nom de code Juno Beach, sabote le central téléphonique avant de fermer le bureau et de rentrer chez elle. Alors qu'elle roule à bicyclette, elle aperçoit des soldats allemands tirant sur des cibles sur la plage. «Demain, pense-t-elle, c'est vous qui serez les cibles.»

La dernière phase de l'opération Fortitude est une manœuvre de diversion. Une flottille de vedettes remonte la Manche vers le Nord, émettant des signaux radar qui simulent une puissante armada se dirigeant vers des plages entre Dieppe et Boulogne, accompagnée par quelques bombardiers lâchant des «*windows*», ces bandes d'aluminium destinées à tromper les radars allemands.

Les deux plus éminents personnages du Jour J doivent rester à l'arrière. Churchill s'est vu refuser d'embarquer sur un navire par ordre du roi; et Eisenhower attend avec impatience les premières informations.

Dans la mémoire des hommes, le sixième jour du sixième mois de l'année 1944 restera le Jour J. A 1 heure du matin, trois divisions aéroportées sont parachutées pour verrouiller les zones du débarquement prévu à l'aube sur cinq plages minutieusement choisies. Les deux plages américaines sont baptisées Utah et Omaha – du nom d'un Etat et d'une ville du Nebraska – et Gold, Juno et Sword sont les noms de code des plages anglo-canadiennes.

CHAPITRE III
LE JOUR J

A l'aube du 6 juin, les sentinelles allemandes sur les côtes voient l'horizon se couvrir de navires. L'alarme est aussitôt donnée et les hommes embrumés de sommeil sont jetés à bas de leur lit. Hommes et chars d'assaut alliés débarquent sous le couvert d'un déluge de feu et d'acier. La surprise est totale.

Mission des parachutistes américains : isoler le Cotentin

Pour éviter la DCA allemande autour de Cherbourg, l'escadre aéroportée vole d'abord plein ouest, vers les îles Anglo-Normandes, mais la densité de feu des canons anti-aériens perturbe de nombreux pilotes mal aguerris. La 82e division du général Ridgeway est parachutée à proximité de Sainte-Mère-Eglise et la 101e aéroportée du général Maxwell Taylor a pour mission d'occuper le terrain au-delà des secteurs inondés en retrait de Utah Beach pour prendre le contrôle des routes s'enfonçant dans l'intérieur et des ponts de Carentan. Malheureusement, un grand nombre d'hommes tombent à l'eau et se noient, entraînés au fond par leur équipement, d'autres vont se perdre dans la campagne. Les officiers ne parviennent pas à regrouper autour d'eux leurs unités et le combat dégénère en une série de corps à corps, quand l'ennemi commence de réagir.

Paradoxalement, la très large dispersion des assaillants plonge les états-majors allemands dans une profonde confusion, car partout on fait état de parachutages. Les lignes de téléphone ayant été coupées par les résistants, les informations ne peuvent donner une image cohérente de la situation réelle. Le commandant de la garnison, le général Marcks, est incapable de contrôler la bataille.

Dès minuit, vague après vague, les Dakota survolent le Cotentin et les parachutistes sont largués dans la campagne obscure. Malgré leur dispersion, ils réussissent à se regrouper, à établir un solide périmètre défensif et à repousser les contre-attaques allemandes. Le général Ridgeway (à gauche), commandant la 82e division aéroportée, installe son poste de commandement dans un verger. Il écrira par la suite : «Les Allemands étaient partout autour de nous, parfois à moins de 500 m de mon PC., mais dans les combats confus qui faisaient rage, ils ne purent lancer une contre-attaque puissante qui aurait balayé notre fragile tête de pont.»

LE PARACHUTAGE DES 82ᵉ ET 101ᵉ DIVISIONS

Ci-dessous, en haut, l'insigne de la 101ᵉ et, en bas, celui de la 82ᵉ. Les planeurs de la seconde vague glissent silencieusement vers les zones assignées. Dès l'arrêt, la cargaison vitale pour les combattants – Jeep, mitrailleuses lourdes, radios et armes anti-chars – est mise à terre.

Les Anglais prennent Pegasus Bridge

A la même heure que les Américains, la 6ᵉ division britannique est lâchée à l'est de Caen. L'une des principales formations est constituée d'un détachement de six planeurs aux ordres du major John Howard qui doit s'emparer des deux ponts sur l'Orne et du canal de Bénouville. Le visage noirci, les parachutistes se déploient en dépit d'une opposition sporadique et submergent les

défenseurs des ouvrages. Howard établit son PC dans un petit café tenu par la famille Gondrée, première parcelle du sol français à être libérée.

Les hommes du génie débarrassent les champs des «asperges» de Rommel, permettant aux planeurs d'amener les véhicules, l'artillerie légère et les armes lourdes d'infanterie, avant le lever du jour. Les unités avancées de la 21ᵉ division Panzer, dont le chef se trouve à Paris, sont cantonnées dans ce secteur, mais dans la confusion générale, aucun ordre d'attaque

Les six planeurs anglais engagés dans l'opération Pegasus Bridge se posent sensiblement sur leurs objectifs (ci-dessous); les défenseurs allemands sont pris au dépourvu. Seul un officier est tué dans l'opération et les deux ponts vitaux sont pris. Ce succès est alors annoncé par les signaux convenus : «Ham» et «Jam».

n'est donné, si ce n'est bien plus tard dans la matinée.

D'autre part, l'un des plus gros risques du Jour J provient des formidables batteries d'artillerie côtière. Celle de Merville est l'objectif du bataillon anglais commandé par le lieutenant-colonel Otway. Mais il est parachuté à l'aveuglette, tant et si bien qu'il se pose loin du bunker. Néanmoins, Otway, qui n'a pu regrouper que cent cinquante hommes, décide de passer à l'attaque. Sans explosifs ni armement lourd, la troupe se rue à l'intérieur du blockhaus en essuyant de graves pertes, mais elle réussit à entraver les mouvements ennemis.

5 heures : le débarquement

Les radars allemands détectent les échos de l'énorme flotte d'invasion. Pourtant, aucune alerte générale n'est déclenchée. Pas d'appareil ennemi en vue. Les cuirassés alliés gagnent leurs positions et ouvrent le feu. Comme un corps de ballet, les formations d'assaut s'alignent avant de s'élancer vers les plages, mais la mer se creuse durement. Des vedettes contrôlent la mise en place, postées sur les flancs. Au large, les cargos transportant le gros de l'infanterie affalent et déroulent, le long de leur coque, filets et échelles de corde permettant aux soldats lourdement chargés d'embarquer sur les LSC(M) (*landing support crafts mechanics*).

Les unités alliées les plus puissantes sont trois cuirassés anglais et deux américains appuyés de deux antiques monitors anglais, accompagnés par une véritable flotte de croiseurs de bataille comprenant notamment deux navires français et de nombreux torpilleurs. Le premier à ouvrir le feu est le croiseur anglais *Orion*, à 5 h 10. Chaque navire s'est vu assigner une cible : batterie côtière – comme à gauche, celle de Merville – ou place forte. D'énormes obus, tirés par des canons de 16 pouces, pleuvent sur les défenseurs alors que les hommes des premières vagues d'assaut s'entassent dans les engins de débarquement. Les navires de guerre demeurent en position de tir afin d'appuyer les troupes à terre.

En tête avancent les LCM (*landing crafts mechanized*) avec des équipes d'observateurs d'artillerie chargés de diriger les tirs sur les défenses de la plage. Derrière viennent les chars DD (*duplex drive*) auto-propulsés, suivis d'une rangée de LCT (*landing crafts tank*) porteurs de blindés spéciaux et enfin les LCA (*landing crafts artillery*). Au milieu de cette armada évoluent les engins de soutien spéciaux, la «Mosquito Fleet», armés de canons anti-aériens pour tenir les avions ennemis à distance et de lance-fusées pour saturer les défenses sous un feu intensif, et même de l'artillerie moyenne (105 mm), à l'arrière, des canons amphibies auto-moteurs capables de faire

Une flottille d'engins de débarquement fait mouvement vers Utah Beach. Alors que les obus des cuirassés hurlent au-dessus des têtes, il semble aux soldats souffrant d'un affreux mal de mer, qui attendent que les rampes s'abaissent, que toute la côte est en feu.

feu tout en progressant sur la mer.

Pour la plupart, les hommes, torturés par le mal de mer, préfèrent de loin mettre le pied sur la terre ferme que rester ballottés sur une mer déchaînée. Les plages qu'ils doivent atteindre sont noyées de fumées et de flammes et la riposte allemande est curieusement absente. Il est 6 heures du matin, la libération de la France commence.

Utah Beach

En ce petit matin de juin, 30 000 hommes et 3 500 véhicules de tous types attendent l'aurore. Le temps est maussade, avec de gros nuages bas poussés par un vent violent et une mer démontée. Parmi ces jeunes Américains figuraient bon nombre de juifs qui savaient parfaitement pourquoi ils venaient se battre en France contre les Allemands. D'autres, d'origine polonaise, souhaitaient venger le viol de leur patrie et étaient déterminés à écraser le régime nazi.

Le débarquement proprement dit est précédé par deux escadrons de chars DD, mis à l'eau sans dommages à seulement trois kilomètres au large, qui, à leur arrivée sur le sable, se débarrassent de leurs «jupes» de caoutchouc et ouvrent le feu sur les Allemands surpris. Derrière eux, les premières vagues de la 4e division d'infanterie atterrissent par marée basse, et, bien qu'ils aient à franchir quelque cinq cents mètres avant de parvenir à l'abri des dunes, ils ne sont accueillis que par des tirs épars.

Pour le succès de l'invasion, il est vital que les chars soient mis à terre en même temps que les premières vagues d'assaut. Le général Hobart et son équipe de techniciens ont conçu le tank DD

en dotant des chars Sherman de 33 tonnes de deux hélices à l'arrière. Pour leur permettre de flotter, on leur ajuste une «jupe» de caoutchouc qui les transforme en «bateaux». Une fois à terre, on retire la «jupe». Le jour J, beaucoup seront mis à l'eau trop loin des plages et couleront dans les grosses vagues, noyant leurs équipages.

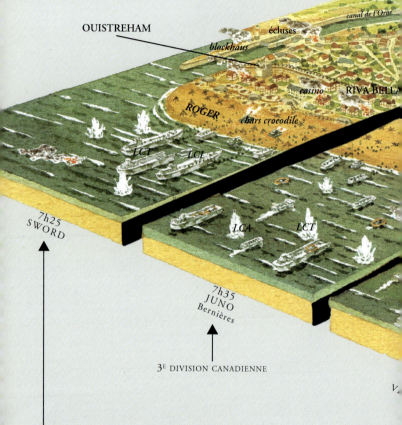

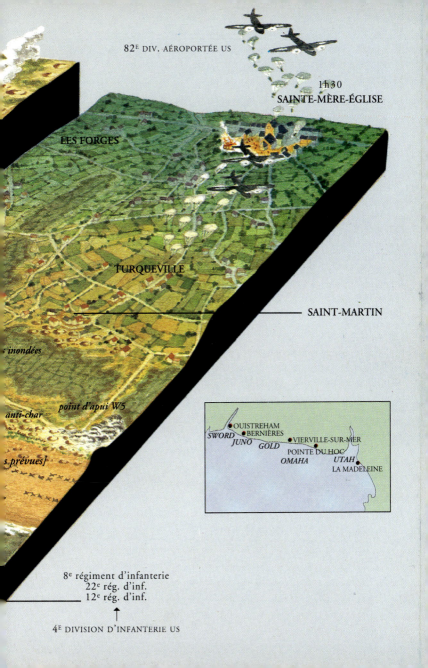

Il faut sans délai vous éloigner, avec votre famille, <u>pendant quelques jours</u>, de la zone de danger où vous vous trouvez.

<u>N'encombrez pas les routes. Dispersez-vous dans la campagne, autant que possible.</u>

PARTEZ SUR LE CHAMP !
VOUS N'AVEZ PAS UNE MINUTE A PERDRE !

La veille du débarquement, des milliers de tracts avertissant de l'imminence du débarquement furent parachutés sur les villages situés sur les cinq plages.

Immédiatement, les équipes du génie commencent de tracer des voies d'accès en démolissant les obstacles avant que la marée ne les recouvre.

La tête de pont est rapidement renforcée par l'arrivée de tanks, de l'artillerie et d'un régiment d'infanterie qui fait mouvement vers l'intérieur en empruntant les chaussées et les digues des marécages inondés et, vers 13 heures, fait sa jonction avec les éléments de la 101e aéroportée. A la tombée de la nuit, la tête de pont est solidement tenue et peut résister aux contre-attaques désordonnées des Allemands.

Mais le pire problème est, de loin, l'encombrement des plages dû au manque de voies de sortie à travers les terrains inondés. A mesure que débarquent les

Commandant les troupes d'assaut américaines, le général Bradley (avec les lunettes) surveille les opérations de la passerelle du croiseur *USS Augusta* qui porte la marque de l'amiral Kirk, commandant l'escadre, debout à sa droite.

DANS LES DUNES DE UTAH BEACH

Une fois la première tête de pont établie, les engins porte-tanks viennent décharger leur cargaison directement sur le sable. Beaucoup d'entre eux, néanmoins, sont détruits par les tirs ennemis et leurs épaves abandonnées ajoutent à la confusion. Comme il arrive de plus en plus d'engins, les véhicules de tous types se trouvent bloqués sous le feu. Le génie s'affaire à débarrasser les plages des obstacles en les faisant exploser à la dynamite. Le nombre des victimes est peu élevé : on ne dénombre que deux cents tués. Les Allemands, secoués moralement et rendus sourds par le bruit des bombardements, n'offrent qu'une résistance symbolique. Le général de brigade Theodore Roosevelt, âgé de cinquante-sept ans, fils du président des Etats-Unis, se distingue en dirigeant d'une main calme et ferme le trafic de Utah Beach.

vagues successives d'infanterie, il leur faut avancer dès que possible pour rejoindre la ligne de feu, faire place aux approvisionnements et aux équipements lourds qui les suivent.

A bord du croiseur *USS Augusta*, le général Bradley est satisfait des rapports reçus de Utah Beach, mais il est aussi profondément troublé par les mauvaises nouvelles venant des secteurs situés plus à l'est.

Omaha Beach, plage sanglante

La plage Omaha s'étend, au pied de hautes falaises, sur environ cinq kilomètres et ses seules voies d'accès sont des ravins aux pentes raides à chaque extrémité. Sur le devant de la plage, un mur de béton a été édifié sur près de trois mètres de haut cerné par des blockhaus d'où les canons de 88 mm peuvent prendre la plage en enfilade. Les nuages bas cachent les cibles aux avions et la fumée des explosions complique les tirs de l'artillerie de marine. Non seulement les défenses ennemies sont intactes, mais les Allemands sont bien réveillés, l'arme au poing, lorsque les premières barges émergent de la nuit.

Les régiments d'assaut de la 1re division d'infanterie doivent parcourir une longue marche d'approche de près de seize kilomètres dans la tempête et ils sont contraints de passer à l'attaque sans le soutien, pourtant promis, des blindés. Des deux escadrons de chars DD mis à l'eau à six kilomètres du rivage, l'un considère que l'opération est trop risquée et renonce. Sur les vingt-neuf tanks de l'autre unité, plusieurs coulent comme des plombs et d'autres sont envahis par l'eau passant au-dessus de leur «jupe», si bien que deux seulement arrivent à bon port, les autres s'échouent sur un banc de sable loin de la plage. De petits groupes d'hommes désespérés et trempés parviennent à passer, souvent après avoir perdu leurs officiers, et s'entassent derrière le mur de béton. Dans certains secteurs, d'autres petites unités réussissent à

Les équipes légères d'infirmiers accomplissent des exploits héroïques pour apporter leurs soins aux nombreux blessés gisant au bord de l'eau. Bien souvent, leur seule protection consiste à s'abriter derrière l'épave d'un blindé détruit.

sortir du piège de la plage, mais chaque tentative de regroupement échoue. Les vagues successives d'hommes et de matériel continuent d'aborder le champ de mort d'Omaha Beach, si bien qu'il est bientôt obstrué de véhicules qui ne peuvent s'échapper du traquenard. La situation est si grave que, vers 9 h 15, le général Bradley envisage sérieusement d'arrêter le débarquement à cet endroit et de transférer les hommes sur une des plages affectées aux troupes anglaises.

En quelques minutes, le plus grand désordre règne sur Omaha Beach, ce que rapporte le journal de marche du bataillon : « La compagnie A est hors d'état de poursuivre son action. Tous ses officiers et sous-officiers sont tués ou blessés. La compagnie A a cessé d'être une troupe d'assaut et n'est plus qu'un groupe informe d'hommes à la dérive, qui cherchent uniquement à survivre. » Bien que les services de renseignements découvrent que la 352e division allemande a été amenée en renfort dans ce secteur, cette information n'est pas diffusée, entraînant de tragiques conséquences. Bradley écrivit : « A mesure que la matinée passait, mes appréhensions grandissaient. Les messages reçus ne nous donnaient que des informations fragmentaires, incohérentes, faisant état de naufrages, de noyades, de violent feu ennemi et de chaos sur les plages. » Heureusement, la 1re division, composée d'hommes expérimentés, se reforme en petits groupes et reprend l'initiative.

Plutôt qu'une action d'ensemble, c'est donc le courage et l'instinct de survie de soldats isolés ou en petits groupes qui vont sauver la journée. Le colonel Taylor, commandant le 16ᵉ régiment d'infanterie, déclare : «Sur cette plage, il n'y a que deux catégories d'hommes, les morts et ceux qui vont mourir – et maintenant foutons le camp d'ici!» A la tombée de la nuit, la 1ʳᵉ division a péniblement atteint la route de l'intérieur, en retrait de la plage, et les véhicules peuvent commencer à faire mouvement vers les sorties. Une unité moins aguerrie que la «Big Red One» (surnom de la 1ʳᵉ division d'infanterie) aurait très

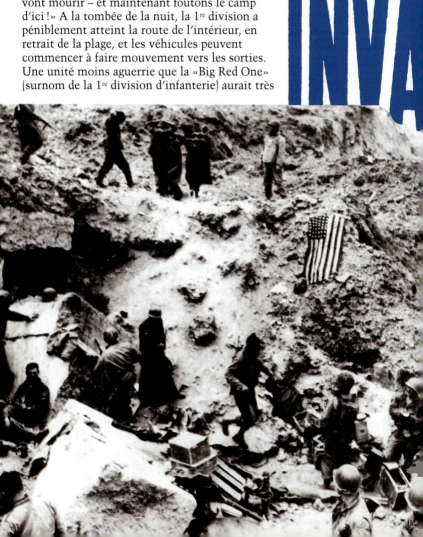

À L'ASSAUT DE LA POINTE DU HOC

certainement été écrasée ce matin-là et le fait que les hommes ont tenu bon témoigne de la détermination et de la vaillance des armées américaines en Normandie.

Le drame est que les hommes ont été desservis par leurs officiers supérieurs à qui il avait été fait une démonstration des blindés spéciaux anglais et qu'ils avaient dédaignés, à l'exception des chars DD. Si la division avait été appuyée par ces engins, bien des vies auraient été sauvées.

En marge de l'assaut sur Omaha Beach, les rangers s'attaquent à l'énorme batterie côtière installée au sommet de la pointe du Hoc. Débarqués au pied de la falaise, ils sont cloués au sol sur l'étroite bande de sable de la plage jusqu'à ce qu'un torpilleur vienne canonner la batterie presque à bout portant. Ceux qui parviennent au sommet engagent un sauvage corps à corps tout autour du bunker, pour découvrir que les pièces d'artillerie ont été enlevées.

Gold Beach

La plage la plus à l'ouest assignée aux forces britanniques, s'étend entre les villages d'Asnelles et de La Rivière. L'assaut a été confié à la 50e division du Northumberland et à la 8e brigade blindée, plus un commando de la Royal Navy qui a pour tâche de pousser à l'ouest et de s'emparer de la ville d'Arromanches où il est prévu d'assembler un port Mulberry. Ici aussi, le temps est épouvantable

Le 2e bataillon de rangers du colonel Rudder «Old Glory» reçoit mission d'escalader la pointe du Hoc et d'éliminer la batterie d'artillerie lourde que les Allemands ont enterrée au sommet dans des bunkers. A 4 h 30, deux compagnies débarquent dans les rochers au pied des falaises de 30 m et la garnison allemande alertée les soumet à un feu intense. Dans un assaut rappelant l'attaque d'un château fort, les rangers lancent des grappins auxquels sont fixées des cordes. Les Allemands tentent de les couper et laissent tomber des grenades sur les assaillants. Un par un, les rangers atteignent le sommet et progressent vers leur objectif en se ruant d'un cratère d'obus à l'autre. Mais ils ne découvrent aucun canon dans les casemates. En réalité, ces derniers n'ont jamais été montés et gisent en plein champ en pièces détachées. A cause du retard pris pour agrandir la tête de pont d'Omaha Beach, les rangers devront tenir la position pendant deux longs jours avant d'être relevés.

et il est décidé de ne pas mettre à la mer les tanks DD mais de les débarquer immédiatement derrière l'infanterie d'assaut. Les premières vagues touchent terre sans être gênées par les obstacles plantés sur le sable mais le vent violent pousse la marée montante qui recouvre ces obstacles bien plus tôt que prévu. De nombreuses barges sont endommagées. La bataille

Plus réaliste que le tableau ci-dessus, la photo montre des soldats anglais lourdement chargés faisant mouvement vers l'intérieur.

LA VICTOIRE DES BLINDÉS SPÉCIAUX

de Gold Beach est néanmoins gagnée par les engins blindés spéciaux débarqués avec l'infanterie.

Juno Beach

De part et d'autre de Courseulles, Juno Beach est l'objectif assigné à la 3ᵉ division canadienne qui brûle de venger ses morts de Dieppe. Le principal problème posé par Juno est d'ordre géographique : la présence de récifs devant la plage implique que l'assaut ne pourra être donné qu'à marée haute, alors que la mer recouvre déjà la plupart des obstacles. De nombreux engins de débarquement sautent sur les mines placées au sommet de poteaux de bois et l'infanterie prend pied sur la terre ferme sans l'appui des blindés, alors que la mer en furie empêche la mise à l'eau des chars DD. De plus, malgré le bombardement, les Allemands arrosent la plage d'un feu nourri. Les blindés spéciaux sont également retardés dans divers secteurs, empêchant de dégager les voies de sortie, si bien que l'encombrement de la plage s'aggrave avec l'arrivée de nouveaux véhicules et de tanks.

Pendant ce temps, d'autres unités progressent vers l'intérieur, et, dans la soirée, elles ont constitué une solide tête de pont après avoir fait la liaison avec le 30ᵉ corps qui arrive de Gold Beach, sur leur droite. Les soldats ont la surprise de constater que la population n'a pas été évacuée et ils voient des civils émerger de leurs caves, apportant leurs dernières bouteilles de calvados aux libérateurs canadiens, parmi d'ailleurs lesquels bon nombre sont d'origine française.

Sword Beach

Sword, la zone de débarquement anglaise située la plus à l'est, est attaquée par la 3ᵉ division appuyée par diverses unités, dont un commando des FFL aux côtés de la 1ʳᵉ brigade de commandos de lord Lovat. Celui-ci a mission d'ouvrir la voie sur Ouistreham puis de marcher à la rescousse de la 6ᵉ division aéroportée dont les

Au premier plan, une mine est fixée au sommet d'un poteau, destinée à exploser au contact d'un engin de débarquement. En retrait, un tétraèdre, ou «hérisson», conçu pour éventrer les coques des bateaux. Sur toutes les plages, des hommes du génie sont parmi les premiers à débarquer, avec mission de faire sauter ces obstacles pour dégager des passages, une course de vitesse contre la marée montante. Dépourvus de protection, ils vont subir de très lourdes pertes.

hommes sont durement malmenés sur la tête de pont de l'Orne. Les troupes se heurtent à une solide ligne de villas en bordure de mer et au casino de Riva-Bella que les Allemands ont fortifiés.

L'infanterie débarque derrière les tanks DD et les engins spéciaux et réussit à nettoyer les obstacles de la plage. Elle se lance à l'attaque des villas fortifiées et les neutralise l'une après l'autre. Bientôt, les premiers groupes de prisonniers allemands sont dirigés, titubants, les mains sur la tête, vers la plage. La difficulté est que la marée montante réduit la bande de sable sec et que la plage devient rapidement si congestionnée que les débarquements ultérieurs doivent être arrêtés jusqu'à ce que le génie dégage des sorties suffisantes. Malheureusement, de nombreux blessés, laissés sur la plage, vont périr noyés.

Le commandant Kieffer, à la tête des FFL, investit le casino avec l'aide de deux tanks et en chasse les défenseurs. Lord Lovat et ses hommes se déploient en rase campagne et marchent sur les ponts de l'Orne, ne se heurtant qu'à une opposition sporadique mais, à leur arrivée, ils se trouvent engagés dans la bataille défensive qui oppose les troupes en place à la 21e division Panzer.

Lord Lovat, débarque à Ouistreham, puis, s'enfonçant dans l'intérieur des terres pour relever les troupes qui se sont emparées de Pegasus Bridge, il ordonne à son sonneur de cornemuse de jouer. Lovat sera blessé le 12 juin sur la tête de pont à l'est de l'Orne et évacué sur un hôpital.

Les premiers prisonniers allemands sont conduits ici sur la plage de Bernières pour être emmenés en Angleterre.

Consolidation et contre-attaques

Vers midi, le Mur de l'Atlantique a été enfoncé, encore que la situation des points d'appui soit précaire, surtout à Omaha Beach. Un grave contretemps surgit : le calendrier de

Le détachement français du commandant Kieffer (ci-dessus) est formé de deux brigades de cent vingt-cinq hommes, incorporés au commando n° 4. Beaucoup se sont évadés de France en embarquant clandestinement sur des bateaux de pêche bretons. D'autres viennent des territoires français d'Afrique occidentale.
L'officier anglais dirigeant le commando les décrivait comme des «soldats tenaces, confiants en leurs forces, prompts dans l'action et vraiment très braves».

débarquement des unités suivantes, sur les diverses plages, est fortement perturbé par les conditions météo et les retards à dégager les sorties. Les interventions de l'ennemi sur mer sont négligeables et la Luftwaffe ne se manifeste pas. De fait, les seules contre-attaques paraissent avoir été lancées très au nord, contre l'armada fantôme à la recherche de laquelle les nazis perdent des heures précieuses.

La conséquence directe de la complexité des communications au sein de l'armée allemande est que celle-ci ne peut prendre aucune initiative au moment crucial et Rommel, dont la présence aurait galvanisé les défenseurs, n'est pas de retour

Au soir du jour J, les Américains ont réussi à établir une tête de pont fragile autour d'Omaha Beach, mais la plage est encombrée de véhicules et d'épaves, ce qui contraint les unités qui doivent suivre à demeurer en mer.

Par un heureux hasard, l'absence de Rommel ajoute à la confusion du réseau des transmissions allemand. Vers 10 h 45, on informe le maréchal de l'invasion, alors qu'il se trouve chez lui, en Allemagne. Il part aussitôt mais ne parvient en Normandie qu'en fin d'après-midi. Les obstacles qu'il a semés n'ont pas empêché les débarquements et il lui manque les réserves mobiles indispensables pour écraser les Alliés sur les plages.

AU SOIR DU 6 JUIN 79

Bien camouflés pour échapper à l'attention des chasseurs-bombardiers alliés, les chars d'assaut de la 21ᵉ division de Panzer sont parqués sous les arbres. La division ne compte qu'un régiment de chars, appuyé par deux régiments de *Panzergrenadiere* (infanterie portée) et par un bataillon de canons d'assaut. C'est la seule formation mobile capable de monter une sérieuse contre-attaque. Rommel interdit tout mouvement de la division, sans les ordres de son état-major. Quand elle passe enfin à l'attaque, dans l'après-midi, il est trop tard et ses forces sont insuffisantes. Au soir du 6 juin, la 21ᵉ Panzer a perdu le quart de ses chars, mais elle s'interpose entre les Anglais et Caen.

d'Allemagne avant la fin de l'après-midi du jour J. Von Rundstedt reste convaincu que le débarquement de Normandie n'est qu'une opération de diversion, opinion largement partagée par le haut commandement de la Wehrmacht. Deux divisions blindées sont stationnées à portée d'intervention en Normandie, la division Panzer Lehr et la 12ᵉ Panzer SS, mais elles ne peuvent faire mouvement que sur l'ordre personnel de Hitler. Or celui-ci, à Berchtesgaden, dort. Ce n'est que vers midi qu'il est informé de la situation et qu'il donne, après bien des hésitations, l'ordre de marche aux deux divisions.

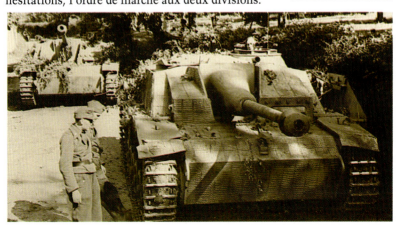

La seule formation réellement en état de se battre, la 21ᵉ Panzer aux ordres du général Feuchtiger, est longuement paralysée, d'abord en ne recevant aucun ordre, puis par des instructions contradictoires. Connaissant l'existence de la tête de pont réalisée par les parachutistes anglais, avec lesquels une de ses unités est au contact, Feuchtiger décide d'engager une offensive générale, mais il reçoit l'ordre de concentrer ses tanks sur l'autre rive de l'Orne. Ce n'est pas avant la fin de l'après-midi que ses troupes sont en position et à même de contrôler l'avance tardive des Anglais partis de Sword Beach pour tenter d'investir Caen.

Quoi qu'il en soit, les états-majors alliés restés en Angleterre éprouvent un fort soulagement en constatant que les pertes sont très inférieures aux prévisions. Le général Eisenhower, ne pouvant intervenir sur le champ de bataille, doit se contenter de lire les rapports qui affluent à Southwick House.

Le général Feuchtiger est également absent le 6 juin, convaincu que le mauvais temps interdit tout débarquement. Officier d'artillerie, il n'a aucune expérience des blindés.

LES ALLEMANDS PARALYSÉS

US TO LET 'EM HAVE IT !

Quand parviennent les nouvelles dramatiques d'Omaha Beach, la pression devient clairement perceptible. En effet, au soir du jour J, les Alliés ont mis à terre, sur les cinq plages, 130 000 hommes, outre les 22 000 parachutistes, et perdu 9 500 hommes, tués, blessés ou disparus. C'est un succès inespéré, bien que fort peu des objectifs prévus aient été atteints. Les plus graves problèmes, à l'est de la tête de pont, proviennent de ce que la 3e division britannique n'a pas pu s'emparer de Caen et que les Canadiens ont été incapables d'investir l'aérodrome de Carpiquet. Dans le secteur américain, les troupes débarquées à Utah Beach ont progressé de plusieurs kilomètres dans l'intérieur et rejoint les divisions parachutistes soumises à une terrible pression, mais la situation à Omaha, sur un point d'appui large de moins d'un kilomètre, donne de graves soucis. Avant toute tentative d'isoler Cherbourg, il faut s'assurer des carrefours et des ponts de Carentan et réunir les deux têtes de pont américaines en une solide ligne de front.

L'aérodrome de Carpiquet (ci-dessus), à l'ouest de Caen, est toujours fermement tenu par les Allemands au soir du jour J. La résistance forcenée de la 716e division d'infanterie allemande bloque les Canadiens loin de leur objectif et, le lendemain matin, les éléments de tête de la 12e division Panzer SS viennent renforcer la défense de l'aéroport. Il faudra un mois entier, pendant lequel les belligérants s'accusent mutuellement de toutes sortes d'atrocités aux combats, avant que les ruines de la base aérienne tombent aux mains des Alliés.

La tapisserie Overlord

Conçu comme une réplique de la tapisserie de Bayeux, ce «patwork» a été confectionné par les femmes de la Royal School of Needlework entre 1968 et 1973 pour rendre hommage aux héros du débarquement. Conservée au D Day Museum de Portsmouth, la tapisserie comporte trente-quatre panneaux sur une longueur totale de plus de quatre vingt-deux mètres. Ci-contre, l'armada alliée se lance à l'assaut des côtes normandes dans la nuit du 5 au 6 juin. Pages suivantes, au petit matin, les cuirassés bombardent les défenses ennemies et les premiers hommes mettent le pied sur les plages, semant la panique parmi les Allemands, premières victimes, les villages normands en ruines. L'emploi de tissus provenant d'authentiques uniformes donne une intensité dramatique à cette œuvre d'art conçue pour rappeler aux peuples les principes de liberté et de démocratie.

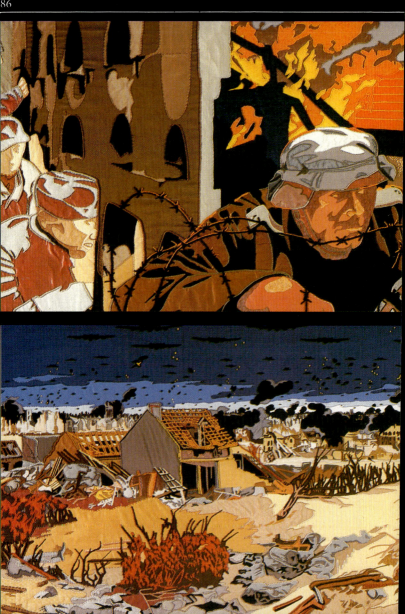

87

L'opération Neptune est un succès, mais tous les objectifs ne sont pas atteints. Pour les Alliés, la phase suivante d'Overlord consiste à rassembler des forces suffisantes pour écraser l'armée allemande de Normandie, puis à se déployer en direction de la Seine. En pratique, la campagne devient une course de vitesse entre les belligérants.

CHAPITRE IV
LA CONSOLIDATION

Les soldats américains de la 29e division d'infanterie traversent ici les ruines de Saint-Lô le 18 juillet, alors que la 12e division SS Hitler Jugend va immobiliser les Canadiens à l'est de Caen. Ci-contre, Kurt Meyer (à gauche), commandant du *Panzergrenadiere* SS, qui prend la tête de la division quand Fritz Witt (au centre), sera tué le 16 juin ; Max Wünsche (à droite), chef du 12e régiment de Panzer SS.

La situation générale au lendemain du débarquement

Pour sa part, Montgomery doit s'emparer d'une zone assez vaste pour former une base d'assaut et, dans le même temps, regrouper des troupes fraîches, reconstituer ses stocks de vivres, de munitions, de carburant et son parc de véhicules. S'il peut être prêt avant que l'ennemi ne reçoive ses renforts, alors il gagnera la bataille. La supériorité aérienne est un atout majeur et, dès J+1, les chasseurs bombardiers anglais et américains opèrent à partir de terrains improvisés en Normandie. Le fait qu'ils peuvent, pendant le jour, paralyser les mouvements des renforts allemands est un facteur décisif de la victoire. Le seul élément sur lequel Montgomery n'a aucun moyen d'action est les conditions météorologiques.

LA PRISE DE BAYEUX

L'état-major tactique de Montgomery s'embarque pour la côte normande dès le 6 juin et lui-même prend place sur un torpilleur. Il donne ordre à Bradley de s'efforcer de réunir ses deux têtes de pont et à Dempsey de prendre Caen en tenaille, en progressant de part et d'autre de la ville. Bayeux tombe dans la matinée de J+1, première grande ville libérée par les Alliés et, comme elle est emportée facilement, ses édifices historiques échappent fort heureusement aux bombardements. Les Anglais contrôlent ainsi le principal axe routier est-ouest. Cependant, ils sont fortement handicapés par le plafond très bas des nuages qui empêche les interventions de l'aviation.

Le haut commandement allemand reste convaincu que les débarquements en Normandie ne sont qu'un leurre et il refuse d'engager la XVᵉ armée au sud de la Seine. Rommel doit puiser dans ses réserves et fait démarrer les blindés de la 12ᵉ division de Panzer SS Hitler Jugend. Mais les stocks de carburant sont si bas que la division n'arrive qu'en ordre dispersé sur le théâtre d'opérations où combat la 21ᵉ Panzer. Toute chance de monter une puissante contre-attaque de chars s'évanouit, alors que les Anglais ont eu le temps de se retrancher solidement.

La seule autre unité qui aurait pu être jetée dans la bataille est la division Panzer Lehr qui tente de faire mouvement en plein jour et subit de lourdes pertes sous les raids des chasseurs bombardiers. Rommel s'est pourtant fixé trois objectifs : tenir les abords immédiats de Caen, tenter de reprendre Bayeux et empêcher la jonction des têtes de pont américaines en contrôlant le nœud routier de Carentan.

En haut, à gauche les Anglais défilant dans Bayeux le 7 juin. En bas, Montgomery et ses adjoints, Bradley et Dempsey, sur le front de Normandie. Sir Miles Dempsey (1896-1979) va mener la IIᵉ armée anglaise jusqu'en Allemagne. Déjà dans l'ombre de son chef, il avait commandé une brigade en France en 1940, puis un corps d'armée en Afrique du Nord. Après la guerre, il abandonnera l'armée pour la vie civile.

Le front anglais : la tactique de Montgomery

A l'ouest de Caen, les efforts déployés par les Canadiens pour prendre l'aérodrome de Carpiquet sont contenus par une très vive résistance de la 12e division de Panzer SS. Une unité de commandos britanniques se rend maître de Port-en-Bessin, permettant de faire la liaison avec les Américains débarqués sur Omaha Beach. Le 5e corps d'armée se rétablit de façon spectaculaire et, au matin du 9 juin, Montgomery peut donner à Bradley l'ordre de foncer vers le sud, en direction de Coutances et de Saint-Lô, pour couvrir le flanc de l'offensive de Dempsey. En deux jours, ils progressent en profondeur sur plus de vingt kilomètres. Pendant ce temps,

Ici, survolant le Mont-Saint-Michel, les chasseurs bombardiers américains P-47 Thunderbolt, tout comme les Typhoon anglais, sont redoutés des Allemands. Possédant la maîtrise totale de l'air que la Luftwaffe a abandonné, ils piquent sur les formations ennemies à découvert et détruisent tout ce qui bouge. Les Allemands, qui les ont baptisés «Jabos», seront contraints d'effectuer de nuit leurs mouvements de troupes.

la 101e aéroportée se fraye à grand-peine la voie sur Carentan à travers les secteurs inondés, et, dans la soirée du 11 juin, les derniers défenseurs abandonnent le terrain, permettant aux deux têtes de pont de former un front continu. Pour que les hommes de Bradley puissent isoler le Cotentin et prendre Cherbourg, les Anglais et les Canadiens doivent fixer les blindés allemands autour de Caen. Montgomery veut prendre au piège les divisions de Panzer grâce à un mouvement de tenaille lancé de part et d'autre de la ville, puis larguer une division de parachutistes sur

LES BRITANNIQUES SONT EN RETARD

A mesure que la résistance allemande s'intensifie, il devient de plus en plus difficile de s'emparer de Caen. Les soldats anglais doivent se battre farouchement dans les ruines de chaque village de Normandie dont les maisons de pierres sont autant de points d'appui tenus par l'ennemi.

Le 14 juin, le général de Gaulle peut enfin débarquer en France. Sous escorte militaire, il gagne Bayeux où il prononce un discours, mais son «bain de foule» gêne le trafic des armées et on le presse de reprendre la route. Après un bref entretien avec Monty, le général revient à Courseulles d'où il s'embarque pour l'Angleterre, au plus grand soulagement des chefs alliés.

leurs arrières. Au 11 juin, seize divisions débarquent sur le sol français, face à quatorze divisions allemandes, mais on a perdu quinze mille hommes et la situation des approvisionnements est toujours en retard de vingt-quatre heures. L'armée commandée par Dempsey est bloquée par la division Panzer Lehr qui lui interdit l'accès de Tilly-sur-Seules. Sur leur route, les troupes se heurtent à un bocage très dense, avec des routes inondées courant entre deux rangées de haies épaisses et des fossés. Le 13 juin, le champ de bataille connaît une brève accalmie et Montgomery doit mettre un frein à ses grands projets d'encerclement de Caen et d'offensive américaine sur la Bretagne, *via* Saint-Lô. L'ennemi a réussi à reprendre Carentan, et la 7e division blindée anglaise, les célèbres «rats du désert», après être entrée dans Villers-Bocage, a dû se replier. En revanche, Monty contraint Rommel à éparpiller ses blindés et à ne les utiliser qu'en défense.

La logistique des ports Mulberry

Les premiers éléments des ports artificiels parviennent à destination à J+1 et, dès le 18 juin, la plupart des caissons des deux ports sont en place. Les travaux se poursuivent pour monter les quais flottants quand, aux petites heures du 18 juin, une très violente tempête balaye la Manche et coule plusieurs sections de chemins de roulement en cours de remorquage. La tempête fait rage pendant trois longs jours, démantelant complètement le Mulberry américain devant Omaha Beach à Saint-Laurent et endommageant gravement celui d'Arromanches. Le plan de Montgomery consistant à attaquer sur l'Odon pour accentuer la pression sur Rommel doit

être abandonné, donnant à l'ennemi le temps, pour lui vital, de prendre quelque repos et de rameuter ses forces.

La bataille de Cherbourg

A l'ouest du Cotentin, l'absence d'unités blindées allemandes permet au général Collins et à son 7e corps d'exploiter la situation créée par ce vide. Tenu pour l'un des meilleurs officiers généraux de la guerre, «Lightning Joe» Collins pousse ses GI's mal entraînés à travers le bocage en une série de «sauts de puce». L'obstination des Allemands à vouloir tenir à tout prix le terrain les oblige à étirer inconsidérément leurs lignes de défense.

Ci-dessus, le port Mulberry construit devant Saint-Laurent, à l'extrémité est d'Omaha Beach ; on remarque la jetée extérieure des caissons Phoenix formant brise-lames. Trois passerelles flottantes Spud sont reliées à la plage par d'autres passerelles appelées «Whales» (ci-contre), assez puissantes pour permettre le passage de tanks et de colonnes de camions. Ces passerelles sont ancrées sur le sable au-dessus des plus grandes marées et, de là, les hommes du génie taillent des routes de sortie conduisant vers l'intérieur des terres.

LES PORTS ARTIFICIELS DU DÉBARQUEMENT

A la date du 18 juin, les deux ports Mulberry – Saint-Laurent et Arromanches – sont en place et parfaitement opérationnels jour et nuit. Mais toutes les prévisions des états-majors d'Overlord (ci-dessous) sont bouleversées du fait de l'effroyable tempête. Les caissons de béton des jetées extérieures sont démantelés par les vagues et partent à la dérive, s'échouant n'importe où sur le plan d'eau. Les passerelles flottantes sont balayées et jetées à terre. Des navires rompent leurs amarres et coulent, ajoutant à la confusion qui règne. Si le port d'Arromanches peut être remis en état, celui d'Omaha doit être abandonné, entraînant de nouveaux retards dans l'approvisionnement des troupes sur le front.

Aux premières heures du 18 juin, les éléments avancés de la 9e division pénètrent dans Barneville, sur la côte sud de la Normandie, isolant ainsi Cherbourg. Le lendemain, sans laisser aux Allemands le temps de se ressaisir, Collins lance trois divisions à l'assaut, sans la préparation d'artillerie habituelle, et la 4e division bouscule, en fonçant sur Montebourg,

un ennemi pris au dépourvu. Se déplaçant toujours aussi rapidement, les Américains débouchent dans la soirée du 21 sur les hauteurs dominant Cherbourg et s'attaquent à ses puissantes défenses.

Collins concentre ses trois divisions sur le port, envoyant seulement des patrouilles de reconnaissance sur ses flancs. Hitler ordonne que la ville et le port soient défendus jusqu'au dernier homme. Von Schlieben fait distribuer de vieux fusils français à tout homme en état de porter une arme. Dans la soirée du 26 juin, les Américains entrent dans la ville, faisant prisonnier von Schlieben qui déclare à ses vainqueurs : «Vous n'imaginiez tout de même pas que des Russes et des Polonais veuillent se battre pour le Reich contre des Américains en France !» L'«excuse» est révélatrice du mépris des nazis pour les étrangers enrôlés de force dans l'armée allemande.

Le général Lawton Collins est le chef charismatique du 7e corps.

CHERBOURG TOMBE LE 26 JUIN

RGE AT HEART OF CHERBOURG

Cherbourg est le seul port normand capable d'accueillir de gros navires et sa prise est d'une importance vitale pour le développement de l'invasion alliée. Parfaitement fortifiée par les Allemands, on ne peut s'en approcher que par d'étroits défilés descendant des collines environnantes. Quand la péninsule du Cotentin est coupée en deux par l'avance américaine vers Cherbourg, le 18 juin, trente mille soldats allemands se retrouvent bloqués. A la suite de très violents combats, village après village, l'ennemi est peu à peu contraint de se retirer à l'abri du périmètre fortifié et il procède à des démolitions massives des installations portuaires. Lorsque les Américains se rendent maîtres des hauteurs dominant la ville – ici au fort du Roule –, le 26 juin, le sort de la garnison allemande se trouve scellé, malgré les ordres de Hitler. Le général von Schlieben (ci-contre) capitule. D'autres forts résistèrent encore pendant un temps et ce n'est qu'au début d'août que les navires pourront accoster au port et décharger.

La prise de Cherbourg permet à Bradley d'opérer un demi-tour et de marcher vers l'est, en direction de Saint-Lô, à la fin du mois, en s'appuyant sur le saillant de Coutances. Malheureusement, les Américains se heurtent aux terribles obstacles naturels du bocage où ils essuient de lourdes pertes, jusqu'à ce qu'ils trouvent un terrain propice à une attaque d'envergure. Alors que Bradley rassemble ses forces et reconstitue ses stocks de munitions, Montgomery envisage d'attaquer sur l'Odon, à l'ouest de Caen, pour bloquer les divisions de Panzer de Rommel, afin qu'elles ne puissent inquiéter les Américains.

L'opération Epsom, la bataille sur l'Odon

Bien que Hitler et son entourage, mystifiés par l'opération Fortitude et induits en erreur par l'incompétence de leurs propres services de renseignements, persistent à penser que les Alliés disposent de forces suffisantes pour débarquer dans le Pas-de-Calais, ils accordent à contre-cœur quelques renforts à Rommel. Fin juin, celui-ci se trouve à la tête de huit divisions de Panzer. Cependant, les divisions qui surveillent les côtes de la Manche dans l'attente de la «vraie» flotte d'invasion sont plus nombreuses que celles combattant les troupes alliées. La tactique envisagée par Rommel est de regrouper ses blindés pour attaquer les Anglais dans la région de Bayeux et de les couper des armées américaines autour de leurs têtes de pont.

Montgomery est dans un état d'esprit totalement différent. La tempête l'a provisoirement empêché de garder l'initiative et a donné à ses adversaires l'occasion d'organiser leur défense. Il est parfaitement informé des mouvements des renforts de Panzer dans la zone des combats, grâce à la machine à décoder Ultra, dont la possession par les Alliés fut un des secrets les mieux gardés de la guerre. En 1940, un spécimen de cet appareil baptisé «Enigma» est tombé aux mains des Anglais et, grâce à lui, ils sont capables de déchiffrer la plupart des messages ultra-secrets allemands concernant les trafics. Cependant le problème reste entier : Montgomery ne peut prendre l'offensive avant d'avoir fait débarquer des forces supplémentaires. Celles-ci doivent comprendre le 8ᵉ corps d'armée anglais, commandé par un vétéran des campagnes d'Afrique du Nord, le général O'Connor.

Après le consternant échec de Villers-Bocage, Montgomery dispose, pour manœuvrer, d'un espace

Chef du 8ᵉ corps anglais en Normandie, le général O'Connor a infligé une sévère défaite aux Italiens en Libye en 1940, mais il a été fait prisonnier l'année suivante. Il s'est échappé de son camp en Italie en 1943.

La machine à coder Enigma consiste en un clavier agissant sur des tambours rotatifs qui cryptent les messages.

trop petit pour attaquer Caen de front. Au début, il pense lancer une offensive à l'est de la ville, à partir de la tête de pont sur l'Orne conquise par les parachutistes dès le jour J, puis orienter son axe de marche vers le sud pour s'assurer de la plaine de Falaise. Là, cependant, l'espace est fort limité et un corps d'armée n'aurait pas assez de place pour se déployer. Tenant fermement les hauteurs de Villers-Bocage jusqu'à l'ouest de la ville, l'ennemi contrôle tout le secteur, ce qui ne laisse que le terrain, relativement favorable, au centre du dispositif de Dempsey, descendant jusqu'à l'Odon. Au-delà de la rivière, les vastes herbages sont dominés par l'une des rares hauteurs de la région, la colline «112»; sa conquête ouvrira la route pour le franchissement de l'Orne en direction de Falaise. Montgomery entend engager deux divisions d'infanterie et une division blindée du 8e corps sur un front de six kilomètres, soutenues par l'artillerie et un appui tactique aérien. Il est prévu de donner l'assaut le 23 juin, mais le mauvais temps retarde le débarquement des troupes,

Aulnay-sur-Odon est le théâtre de la première bataille de chars sur le sol normand pendant l'opération Epsom. Les forces anglaises se trouvent aux prises avec toutes les unités blindées allemandes qu'on a pu rassembler. C'est également un rude combat d'infanterie classique car les hommes doivent déloger l'ennemi, maison après maison, ou avancer à découvert dans les champs de blé. La bataille la plus acharnée est la prise de la colline «112» qui rappelle la guerre de tranchées de 1914-1918.

si bien que tout est reporté, afin que les hommes puissent effacer les séquelles du mal de mer dont ils ont beaucoup souffert. L'un dans l'autre, la concentration des forces alliées a subi un retard de cinq jours sur le plan prévu.

Cette accalmie donne aux Allemands le temps de constituer leurs lignes sur l'Orne, tenues par la 12e Panzer SS renforcée par des unités de la 21e Panzer à l'est et la division Panzer Lehr à l'ouest. La division Hitler Jugend est la plus puissante formation de la Wehrmacht en Normandie, sous les ordres du légendaire Kurt «Panzer» Meyer et composée en majorité de fanatiques. Quand l'attaque britannique démarre, après un formidable bombardement, le temps est si mauvais que les chasseurs bombardiers ne peuvent décoller. La 15e division écossaise ouvre la voie, mais elle est bientôt entraînée dans un sauvage corps à corps dans les maisons du bord de la rivière. A sa droite, le 30e corps ne parvient pas à s'emparer de Rauray, malgré une progression de six kilomètres, et le jour s'achève dans la boue et sous une pluie diluvienne.

Dans la soirée, l'infanterie anglaise est parvenue à établir une tête de pont précaire sur l'Odon, grâce à laquelle Dempsey fait passer sur l'autre rive la 11e division blindée. Le lendemain matin, ses tanks foncent vers les nœuds routiers sur l'Orne, alors que Rommel et von Rundstedt sont absents, convoqués par Hitler à Berchtesgaden. Sur place, l'officier le plus élevé en grade, le général Dollmann, donne l'ordre au 2e corps de Panzer, fraîchement arrivée sur le front, de contre-attaquer immédiatement, puis il se suicide dans la soirée.

Beaucoup des hommes de Kurt «Panzer» Meyer (à gauche) n'ont que dix-sept ans, mais ils se révèlent de redoutables adversaires. Leur vaillance est ternie par l'exécution de prisonniers canadiens, ce qui vaudra à Meyer d'être condamné à mort au Canada après la guerre. Sa peine ayant été commuée, il sera emprisonné pendant cinq ans avant d'être libéré.

Commandant de la VIIIe armée, le général Friedrich Dollmann est basé au Mans. Prisonnier du système embrouillé de transmissions des ordres établi par le haut commandement, il est empêché d'exercer une influence décisive sur les combats du Jour J. Il reçoit de von Rundstedt l'ordre de «nettoyer la tête de pont avant le lendemain matin». Mais, à ce moment, la bataille est déjà perdue et, démoralisé par la chute de Cherbourg, il se suicide.

A l'époque, d'aucuns déclarent qu'il a succombé à une crise cardiaque mais, en 1974, son chef d'etat-major, Max Pensel, confirme dans un article la thèse du suicide, précisant que le général Dollmann se jugeait personnellement responsable de la perte de Cherbourg. Le 29 juin est un jour de grande confusion pour tous les belligérants. La 11e division blindée alliée s'empare de la «112» alors que le 2e corps de Panzer, appuyé par la 9e et la 10e Panzer SS, attaque à l'ouest. L'infanterie britannique leur inflige une cuisante défaite mais Dempsey, croyant à tort que l'ennemi peut monter une nouvelle contre-attaque, replie sa 11e division blindée derrière l'Orne.

Ce retrait des chars permet aux Allemands de

Les blindés allemands se tiennent à l'abri sous les arbres pour éviter d'être aperçus par l'aviation. Dans l'armée allemande, seules les divisions d'élite des Panzer sont entièrement motorisées. Le gros des transports est tiré par des chevaux. Les véhicules de l'artillerie souffrent d'une pénurie de carburant.

Bien qu'effroyablement bombardés par l'aviation alliée qui laisse leurs habitations en ruines, les Normands accueillent chaleureusement les troupes d'invasion ; ici, un couple de paysans trinque au calvados avec des soldats américains.

reprendre la « 112 » et la bataille dégénère en combats individuels. Impressionné par l'accroissement de ses pertes, Montgomery doit abandonner la poursuite de l'opération Epsom le 30 juin. Selon le journal de marche du 8e corps, les trois divisions engagées comptent plus de quatre mille hommes hors de combat, tués, blessés ou disparus pendant les cinq jours de la bataille. Les Allemands ont également essuyé de lourdes pertes, mais cela ne peut faire oublier que l'opération Epsom est un échec indiscutable, transformant cette campagne de mouvement en une meurtrière guerre d'usure.

Un Parisien lit ici les dernières nouvelles dans un journal contrôlé par le gouvernement de Vichy débordé par l'invasion alliée. Cependant nombreux sont ceux qui préfèrent écouter les bulletins d'informations de la BBC.

Les Américains dans le bocage

Alors qu'Anglais et Canadiens en sont réduits à la défensive, Bradley se prépare à reprendre l'offensive en avançant sur un large front tenu par la Ire armée américaine pour se rendre maître de la route Saint-Lô-Périers. Sur le papier, il dispose d'un avantage sérieux puisqu'il aligne, sur un front de soixante-dix kilomètres, quatre corps d'armée face à seulement six divisions allemandes dont les effectifs et la puissance de feu, pour certaines, ne dépassent pas, en fait, ceux d'un régiment. Mais le terrain lui est

nettement défavorable. D'abord, il n'existe pas de routes praticables aux chars en direction de l'est et l'ennemi est solidement retranché autour de Saint-Lô, carrefour clé des toutes les grandes voies de communication du secteur. Plusieurs rivières ont débordé et les fonds de vallées marécageux font obstacle à la progression des assaillants. En outre, les troupes allemandes tiennent fermement les hauteurs entourant La Haye-du-Puits.

Une section de fantassins américains progresse dans le bocage normand. Les haies épaisses, vieilles parfois de plusieurs siècles, constituent de parfaites position de défense et elles peuvent résister à la poussée des chars d'assaut. Une poignée d'hommes pourvus de grenades et d'un lance-fusées anti-tank est capable de tenir un bataillon entier en échec. Il faut un mois de combats très durs pour que les Américains réussissent à se dégager du bocage. Les Allemands ont rameuté des parachutistes parfaitement aguerris pour défendre le secteur de Saint-Lô.

Mais, une nouvelle fois, l'assaut des Alliés, soutenu par l'artillerie et l'aviation, vient se briser sur la résistance opiniâtre opposée par la défense allemande. Le moral des nazis ne faiblit pas, bien qu'ils aient subi des pertes considérables. Au début de juillet, l'état-major allemand est remanié, von Rundstedt mis à la retraite et remplacé à la tête du commandement suprême de l'Ouest. Cette mesure disciplinaire aurait été motivée par la réponse de von Rundstedt au maréchal Keitel, chef de toutes les

armées du Reich, qui lui demandait ce qu'il fallait faire : «Faites la paix, bande d'idiots !»

L'offensive de Bradley démarre le 3 juillet avec, sur l'aile droite, le 7e corps déjà établi sur un terrain solide, de part et d'autre des marais de la Douve. Quatre divisions s'élancent vers La Haye et la forêt de Mont-Castre. Elles se heurtent à une résistance de parachutistes mais réussissent à prendre La Haye le 8 juillet, pourtant, l'ennemi tient toujours les collines avoisinantes. Au centre du dispositif, le 7e corps ne marque aucun progrès réel le long de la route de Carentan à Périers et, le 10 juillet, l'offensive s'enlise.

L'échec de l'opération Charmwood

Militairement parlant, Caen ne présente en soi aucune importance, mais Hitler, selon son habitude,

Souvent héros ignorés, au combat les infirmiers prennent soin aussi bien de leurs hommes que des blessés ennemis. Les médecins installent leur infirmerie dans les fermes, juste en arrière des lignes, donnant les premiers soins aux hommes choqués ou atteints dans leur chair. Ceux qu'on pense pouvoir sauver sont évacués par camions vers les hôpitaux de campagne (ci-dessus), puis vers l'Angleterre.

LES ALLEMANDS RÉSISTENT

Au début de juillet, la 12ᵉ division de Panzer SS contrôle encore le secteur de Carpiquet et la 3ᵉ division canadienne a fort à faire pour tenter de la déloger. Pour clore l'assaut principal lancé sur Caen, les Canadiens reçoivent l'ordre de s'en emparer. C'est l'opération Windsor. Appuyés par un bombardement massif des canons du cuirassé *Rodney*, une brigade d'infanterie et les chars du régiment de Fort Garry Horse chassent la division Hitler Jugend de la ville. Les survivants se replient sur l'aéroport où ils creusent des tranchées et se défendent, bâtiment par bâtiment. Les avions Typhoon attaquent à la roquette et les tanks lance-flammes s'enfoncent au milieu des casernes. Après quatre jours de combats acharnés, les Canadiens se rendent maîtres des ruines. A leur gauche, d'autres unités canadiennes sont aussi aux prises avec la 12ᵉ division SS, tentant de dégager les villages situés entre l'aérodrome et la ville. Ne pouvant plus tenir sa ligne de défense, Kurt Meyer ramène les survivants de sa division derrière l'Orne.

a commandé que la ville fût défendue jusqu'au dernier souffle du dernier soldat. Monty, jugeant qu'une attaque frontale provoquera trop de pertes, tente de contourner Caen mais il échoue. La base aérienne de Carpiquet est toujours aux mains des Allemands qui défendent avec acharnement toutes les routes d'accès à la plaine de Falaise dont les Anglais ont impérativement besoin pour monter une offensive vers les ponts de la Seine et Paris. Montgomery en revient à la tactique éprouvée du marteau-pilon et fait déverser un véritable «tapis de bombes» avant de tenter une percée en vue de s'emparer des ponts sur l'Orne.

Une autre idée, sous jacente, dans la ligne de sa stratégie, est que la pression exercée sur les Allemands doit être maintenue pour les empêcher de transférer leurs divisions blindées contre les troupes de Bradley. Le 3 juillet, la 3ᵉ division canadienne reçoit l'ordre de s'emparer à toute force de Carpiquet où, une fois de plus, elle se trouve aux prises avec la 12ᵉ Panzer SS. A l'issue d'une furieuse bataille de deux jours, qui provoque de lourdes pertes de part et d'autre, les Canadiens conquièrent le village et une partie de l'aérodrome, mais le combat s'arrête.

L'opération Charmwood, la prise de Caen, doit débuter le 8 juillet par un assaut du 1ᵉʳ corps anglais et, à la dernière minute, Montgomery demande l'appui tactique aérien des bombardiers. En fin de soirée, le 7 juillet, les avions déversent six mille bombes sur la partie nord de Caen, transformant cette ravissante cité normande en un champ de décombres.

L'attaque massive des bombardiers réduit en cendres le cœur de Caen, où les troupes anglaises se battent contre les tireurs d'élite allemands. Ici, la rue Saint-Jean complètement dévastée. L'opération Charmwood a sans doute libéré la ville, mais l'ennemi interdit toute exploitation de ce succès par une percée vers le sud, sur Falaise.

CAEN CITÉ MARTYRE

Pendant trois jours, l'infanterie livre de violents combats et subit de rudes pertes, diminuant encore le nombre d'hommes en état de se battre. Les Allemands sont contraints d'abandonner du terrain, mais ils se retranchent sur la rive sud de l'Orne, au centre de la ville. Montgomery, malgré des communiqués de victoire, n'a pris que la moitié de son objectif. Le pont de Bourguébus qui commande la route d'accès à Falaise demeure aux mains des nazis.

Ici des soldats posent, pour la propagande, devant un panneau indicateur de Caen.

Controverses et impasse

Depuis la guerre, les vétérans et les historiens, aussi bien anglais qu'américains, discutent à perte de vue de la conduite des opérations en Normandie. Des critiques violentes ont été portées contre Montgomery et Eisenhower. Monty a reçu le commandement des forces terrestres et il est, de ce fait, responsable des opérations. Eisenhower, relégué à observer la situation de l'autre côté de la Manche, se sent de plus en plus frustré de ce qu'il considère comme de trop faibles progrès. Au sein du SHAEF, un fort courant «anti-Monty» fait monter la rancœur du commandant en chef et, vers la fin juin, un mouvement se dessine pour faire remplacer Montgomery par le général Alexander. En outre, les officiers de l'US Air Force détestent Monty et refusent fréquemment de collaborer avec lui.

Eisenhower, qui n'a jamais commandé au feu, aurait souhaité prendre personnellement en mains la conduite des opérations, mais il en est privé en raison de ses très lourdes obligations de chef suprême des Alliés. Son idée de base est qu'il faut se battre sans répit, sur toute la ligne d'un front étroit. Montgomery, quant à lui, privilégie les opérations «coups de poing» ponctuelles et il n'engage la totalité de ses moyens que là où il peut escompter un maximum de succès. Fin juin, les critiques des Américains sur le terrain sont devenues virulentes contre les Anglais à qui ils reprochent une grande lenteur, bien que, en toute objectivité, leurs

Le général Eisenhower – ici (à gauche) avec Bradley – se rend à de multiples reprises sur le front de Normandie. Son quartier général du SHAEF, qui ne compte pas moins de 15 000 personnes, est toujours en Angleterre et ne s'installera à Granville qu'à la mi-août. Très déçu par l'absence de progrès de l'invasion, Ike prête l'oreille aux officiers de son état-major qui élèvent de véhémentes critiques contre Montgomery. Bien que la défaite allemande soit imminente, les Alliés sont confrontés à la fois à un terrain très difficile et à de graves problèmes logistiques.

Les villes et les villages en ruines témoignent du prix terrible payé par les Normands pour la libération de leur patrie.

Si Monty continue de se montrer optimiste, la presse, quant à elle, se plaint de plus en plus ouvertement du manque de progrès. Sa stratégie, consistant à attirer les blindés allemands sur le front anglais devant Caen, s'est révélée payante. Bien qu'ils soient sévèrement accrochés, les Allemands restent capables d'organiser une défense puissante et ne montrent aucun signe d'effondrement.

propres progrès n'aient guère été particulièrement spectaculaires. Les deux partenaires ont manifestement sous-évalué les difficultés qu'un pays de bocage oppose aux mouvements des envahisseurs.

A J+30, la situation en Normandie est dans l'impasse. Les forces britanniques n'ont toujours pas assez de place pour manœuvrer et leur front, de part et d'autre de Caen, est toujours chaotique. Les Américains se débattent sur un terrain très difficile d'où il leur faut absolument s'extraire avant d'envisager une offensive vers la Bretagne par la trouée d'Avranches. A cette époque, Montgomery affirme que tout continue de s'accomplir selon ses prévisions, mais le fait est que tous les chefs concernés sont à court d'idées. On a infligé des pertes irrémédiables à l'ennemi et la fin de la résistance allemande n'est plus qu'une question de jours.

Mais le problème demeure posé : où et quand cela se produira-t-il ?

Début juillet 1944, Montgomery se trouve soumis à une intense pression des hommes politiques qui réclament une issue rapide et heureuse de la bataille de Normandie, alors que le déploiement de ses forces est sans cesse retardé par les manœuvres tactiques de l'ennemi et le mauvais temps. Bien que réduit à l'immobilité, il lui faut parvenir à un résultat... au plus tôt.

CHAPITRE V
L'OFFENSIVE

Les chefs alliés en grande conversation juste avant la percée qui doit marquer la fin de la campagne de Normandie. De gauche à droite, Patton portant ses célèbres revolvers à crosse de nacre, commandant la IIIᵉ armée américaine, Bradley et Montgomery arborant son habituel béret. Ci-contre, la revue officielle de l'armée allemande *Signal* dont la couverture représente des SS patrouillant dans Villers-Bocage.

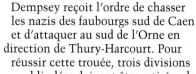

Dempsey reçoit l'ordre de chasser les nazis des faubourgs sud de Caen et d'attaquer au sud de l'Orne en direction de Thury-Harcourt. Pour réussir cette trouée, trois divisions blindées doivent être retirées de la ligne de front et constituer un corps autonome.

Jusqu'alors, les chars ont été relativement peu employés au combat car les obstacles naturels du bocage limitent leur efficacité et l'infanterie supporte donc la majeure partie des pertes.

Il revient au général Dempsey de sortir de l'impasse où piétinent les troupes anglaises en chassant les Allemands des faubourgs sud de Caen. Dans le même temps, il doit fixer les divisions de Panzer pour les empêcher de se porter sur le front tenu par les Américains où Bradley se débat encore pour sortir des traquenards du bocage normand.

Bradley doit, quant à lui, avancer vers l'ouest, au-delà d'Avranches et lancer une partie de ses forces en Bretagne, pendant que l'autre partie se porte sur Laval, Le Mans et Alençon. Curieusement, on ne fait aucune allusion à la IIIe armée de Patton qui se tient toujours en réserve. Bradley décide d'attaquer massivement sur un front étroit au lieu de faire avancer d'emblée toute sa ligne. Pour cette manœuvre, baptisée opération Cobra, son axe de marche sera la route Saint-Lô–Périers–Lessay. Il projette de faire effectuer par l'aviation un bombardement juste avant l'assaut à tout va du 8e corps.

Dempsey, fort contrarié à l'idée de devoir engager son infanterie en des combats stériles sur l'Odon, élabore ce qu'il juge être une meilleure solution. Ce sera l'opération Goodwood : lancer trois divisions blindées à l'est de Caen en partant de la tête de pont que les parachutistes ont conquise dès le jour J. Les chars auront mission de se rendre maîtres des hauteurs de Bourguébus qui commandent la route Caen-Falaise. Une fois l'ennemi fixé dans ce secteur, le reste de la IIe armée donnera l'assaut à l'ouest de la ville, déséquilibrant ainsi toute réaction allemande.

L'opération Goodwood

Dempsey demande l'appui de l'aviation et de l'artillerie de marine. Comme l'indiquent ses notes de campagne, il est alors fort optimiste et envisage de poursuivre sa course sur Falaise, pensant que les Allemands ne se remettront pas d'une telle avalanche de feu et d'acier. Mais il ne sait pas que ces mêmes Allemands ont aménagé de puissantes positions défensives, abondamment pourvues de pièces d'artillerie anti-chars. Ils ont appris aussi que les Anglais vont passer à l'offensive et ils n'ont aucune intention de baisser la tête sous l'orage. Les nazis disposent en outre de nombreux chars Tigre et d'un

Dans le secteur de Saint-Lô, ici, les fantassins américains lourdement chargés progressent le long de la route, cependant qu'une Jeep des transmissions amène vers le front des rouleaux de fils téléphoniques. D'après la stratégie élaborée par Montgomery, les Américains doivent forcer la décision en fonçant vers le sud du Cotentin. Le général Bradley dispose du matériel et des effectifs nécessaires, mais bon nombre de ses unités sont clouées sur place. Il faut souligner la rapidité avec laquelle, pendant la bataille de Normandie, les unités américaines, qui n'avaient guère l'expérience du feu, se sont aguerries. La plupart des GI's ont débarqué sur le sol français frais émoulus de leurs centres d'entraînement et ont été immédiatement jetés dans la bataille contre des ennemis qui avaient fait leurs preuves pendant la campagne de Russie.

Des éléments de la IIe armée anglaise chargent une unité allemande embusquée dans le bocage. Pour l'opération Goodwood, comme pour Epsom, il leur faut progresser par un étroit corridor coupé de deux voies de chemin de fer. L'ennemi dispose d'excellents postes d'observation et tient toujours les aciéries au sud-est de Caen et les hauteurs. Par une cruelle ironie du sort, la veille de l'assaut, le 18 juillet, Rommel est grièvement blessé par le tir d'un chasseur bombardier qui a pris en chasse son véhicule de commandement.

grand nombre de canons de 88 mm dont les terribles obus percent sans difficulté le léger blindage des chars alliés.

A l'aube du 18 juillet, des milliers de tonnes de bombes écrasent les crêtes de Bourguébus et leurs routes d'accès. Théoriquement, nul n'aurait dû survivre à ce laminage ; pourtant les Allemands remontent en ligne aussitôt l'orage passé. La 11e division blindée du général Roberts s'élance la première mais sa charge s'enlise bientôt. L'ordre lui est donné – ce qui est un non-sens – d'appuyer l'infanterie pour nettoyer les positions fortifiées allemandes, au lieu de poursuivre sa progression avec ses chars. Par ailleurs et surtout, un très gros problème surgit du fait de l'encombrement des abords des ponts sur l'Orne et des canaux par un flot de véhicules et d'engins de la 7e division blindée et de la brigade blindée de la division des gardes.

Alors que les unités de tête de la division Roberts se ruent sur Bourguébus, elles sont prises à partie par des batteries de 88 mm retranchées dans Cagny. Seize chars de Roberts sont détruits. A midi, toute progression est stoppée et la 7e division blindée n'a même pas franchi sa ligne de départ. La brigade des gardes est clouée sous le feu des canons de Cagny et le général O'Connor commence de penser qu'il a perdu l'initiative. Pourtant Montgomery diffuse des communiqués de victoire, ce qui est parfaitement

mensonger. Sans la rapidité de mouvement, privé de l'effet de surprise, le combat se transforme en une âpre bataille de fantassins, ce que Dempsey redoute par-dessus tout.

Dans la soirée, une division canadienne se rend maîtresse de la partie sud des faubourgs de Caen. Sur la carte, les gains de terrain ne compensent pas les pertes, mais les Anglais libèrent Caen et franchissent l'Odon et l'Orne. Bien qu'ils aient perdu plus de cinq mille hommes et quatre cents chars, ils ont infligé de tels dommages aux Allemands que von Kluge, commandant suprême de l'Ouest, comprend, dès ce moment, qu'il a perdu la bataille de Normandie. L'effondrement final n'est plus qu'une question de jours.

Le 20 juillet est une journée historique. La pluie qui noie le terrain oblige Bradley à remettre à plus tard l'opération Cobra et, en Prusse orientale, Hitler échappe par miracle à un attentat.

L'échec de Goodwood faillit coûter son poste à Montgomery. Le maréchal de l'air Tedder et bon nombre d'officiers généraux du SHAEF insistent pour qu'il soit limogé. Les chefs de l'état-major de l'air lui reprochent d'avoir promis des résultats décisifs

L'une des armes les plus performantes mises au point pendant la Seconde Guerre mondiale est le canon anti-char allemand de 88 mm. Conçu à l'origine comme canon de DCA, l'énorme vitesse initiale de ses projectiles lui donne une formidable puissance de pénétration des blindages. Ici, une photo de la version tractée de ce canon, dont le train de roulement est retiré pendant le feu. D'autres modèles sont montés sur châssis automoteurs, en particulier le puissant chasseur de chars Königstiger.

Les lignes de front de la bataille de Normandie

❶ au 6 juin

❷ au 30 juin

❸ au 1ᵉʳ août

❹ au 15 août

Le 6 juin au soir, les objectifs sont en général atteints. En secteur britannique et canadien, une solide tête de pont est établie mais Carpiquet et Caen ne sont pris ni ce jour, ni le lendemain, comme prévu. En secteur américain, le débarquement a failli échouer à Omaha et la tête de pont est encore fragile, mais à Utah tout se passe bien.
Le 30 juin, l'opération Epsom en secteur anglais butte sur la colline 112 face aux chars allemands. Cependant, les Américains avancent plus vite vers le Cotentin et Cherbourg.
Le 1ᵉʳ août, après avoir pris Caen, les Britanniques lancent une offensive à travers le bocage pour soutenir les Américains qui occupent Saint-Lô, Coutances et arrivent à Avranches.
Enfin, le 16 août, la contre-offensive allemande échoue à Mortain et les Alliés referment la poche de Falaise qui tombe le 22 août, marquant la fin de la bataille de Normandie.

alors qu'il tarde à lancer l'assaut après les bombardements. D'autres officiers américains se plaignent de ce que leurs hommes ont dû prendre tous les risques et essuyer les plus lourdes pertes alors que les Anglais piétinent devant Caen. Cette allégation est dénuée de tout fondement mais ce sujet empoisonnera les relations des Alliés jusqu'à la fin de la guerre en Europe. En fait, il est impossible de remplacer Monty, même si son comportement fait enrager ses détracteurs. Mais surtout, une autre raison impose d'accélérer à tout prix le mouvement : Londres et le sud de l'Angleterre sont la cible des bombes volantes, les V1, tirées depuis des bases de lancement situées près de la côte au nord de la Seine. L'opinion publique exige qu'il soit mis fin à cette menace et il est facile pour ceux qui se trouvent sur le sol anglais de taxer les armées en Normandie d'immobilisme.

Bien que de nombreuses fusées, ici des V1, aient été interceptées en vol et détruites par la RAF, beaucoup atteignent leurs cibles, augmentant la pression exercée par les hommes politiques qui réclament que l'armée d'invasion s'empare au plus tôt des bases de lancement.

Sous la pluie, une Jeep de la 2e division blindée américaine progresse dans la boue des chemins creux du bocage.

L'opération Cobra

Pendant que les Anglais se débattent dans les tueries de Goodwood, les Américains mettent la dernière main aux préparatifs de leurs manœuvres de rupture. Pour ce faire, le génie met au point un engin improvisé, baptisé Rhinocéros. Dans la nuit du 18 au 19 juillet, ils

Ci-dessus, le tank Sherman, équipé du Rhinocéros, des lames permettant d'arracher les haies dans le bocage normand.

Profondément désappointé par l'échec de Goodwood, Churchill commence à douter des capacités de Montgomery.

s'emparent des ruines de Saint-Lô dont la prise leur aura coûté près de dix mille hommes. Dans le même temps, trois divisions d'infanterie forcent le passage sur les hauteurs dominant la route Saint-Lô–Périers, avec le soutien de deux divisions blindées. Face à eux se tiennent les trente mille soldats de la VIIe armée allemande et, juste sur leur axe de marche, les tanks de la division Panzer Lehr se sont fortement retranchés. Pour Bradley, l'essentiel est que le temps soit beau pour que l'aviation puisse intervenir. La pluie, qui a noyé Goodwood, tombe toujours et Cobra doit être reportée au 24 juillet. Bradley aurait alors déclaré : «Je vais traduire l'aumônier en cour martiale si ce temps de cochon continue!»

Les mauvaises conditions météorologiques persistent et l'ordre de bombarder est rapporté, mais trop tardivement pour que les avions reviennent à leurs bases. Des centaines de tonnes de bombes sont déversées sur le secteur et plusieurs tombent sur des concentrations de GI's en attente sur la route Saint-Lô–Périers, tuant vingt-cinq hommes. C'est d'autant plus rageant que

RUPTURE DU FRONT
ET PERCÉE D'AVRANCHES 25 JUILLET 6 AOUT 1944

EXPLOITATION ET ENCERCLEMENT
DE LA VIIème ARMÉE ALLEMANDE 9 - 20 AOUT 1944

l'on a choisi exprès la route comme base de départ de l'offensive, afin que les avions disposent d'un point de repère précis en bombardant parallèlement à la route. Bradley entre dans une violente colère devant les erreurs meurtrières de l'Air Force. Pour les Allemands, ce bombardement est épouvantable et les engins blindés de la division Panzer Lehr subissent de lourdes pertes. Cependant comme toujours, ils opposent une farouche résistance et, au soir du premier jour, les assaillants n'ont progressé que de trois kilomètres.

Le deuxième jour s'achève sur une situation également indécise et Bradley commence d'éprouver des doutes sur ses chances d'aboutir à une issue heureuse. Pourtant, le 27 juillet, la rupture du front se produit lorsque le général Collins lance une division à travers les lignes tenues par son 7e corps. Les chars ne rencontrent pratiquement aucune opposition à leur avance.

En coulisses, le général Patton piaffe d'impatience en attendant le 1er août, date à laquelle sa IIIe armée sera opérationnelle. Sa présence en Normandie a été soigneusement cachée car il est toujours supposé commander dans le Kent l'armée fantôme de Fortitude, menace à laquelle les Allemands croient encore, même à ce stade de la campagne. Bradley lui

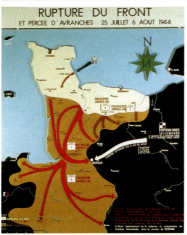

confie, à titre temporaire, le 8ᵉ corps et lui lâche la bride sur le cou pour mener la charge, rendue enfin possible, de ses blindés.

Le 30 juillet, les chars de tête foncent sur Avranches, ouvrant la porte à l'invasion de la Bretagne, puis ils infléchissent leur course vers le sud, sur Pontaubault. Sans se préoccuper de la situation de ses flancs, Patton ordonne au 8ᵉ corps d'entrer en Bretagne d'où les Allemands ont retiré leurs troupes pour renforcer leur front en Normandie. Sept divisions s'engouffrent dans la brèche d'Avranches.

Les troupes allemandes contre-attaquent au sud d'Avranches

Le général George S. Patton, chef légendaire de la IIIᵉ armée américaine, a été le supérieur hiérarchique de Bradley en Tunisie. En Sicile, il a failli briser sa carrière en giflant un soldat blessé en le traitant de simulateur. La bataille de Normandie est pour lui une chance de redorer son blason.

Les soldats de la 8ᵉ division d'infanterie américaine, le sourire de la victoire aux lèvres, traversent les ruines d'un village sur le front d'Avranches. L'opération Cobra brise les lignes de résistance allemandes, rendant enfin possible une vraie guerre de mouvement. Les chars de la 4ᵉ division blindée se ruent sur Avranches, ouvrant ainsi la route de Bretagne. Le général Bayerlein, commandant la division Panzer Lehr, doit quitter le champ de bataille à pied.

L'opération Bluecoat

Pendant l'offensive de Bradley, les Britanniques ne demeurent pas inactifs. Les Canadiens reçoivent l'ordre d'attaquer les crêtes de Bourguébus. Entre-temps, Dempsey déplace dans le secteur de Caumont, sur la droite de son dispositif, le 8e et le 30e corps pour préparer l'assaut, appelé opération Bluecoat, qu'il entend donner en direction du mont Pinçon et de Vire, pour couvrir le flanc gauche de Bradley, mais cela oblige les troupes à évoluer sur le plus difficile terrain de toute la Normandie. Après un violent bombardement aérien, à l'aube du 30 juillet, les régiments chargent mais ils se heurtent bientôt à une vive résistance. Malgré cela, le 1er août, la 11e division blindée prend Le Bény-Bocage et pousse sur Vire, où il n'y a plus de soldats allemands. La ville aurait pu être enlevée sans difficultés, mais Montgomery l'a fixée comme objectif aux Américains et il retire les troupes anglaises, ce qui se révèle une grossière erreur. Les Allemands, dont l'attention est portée sur Avranches, sont pris au dépourvu parce que leurs renforts doivent se détourner pour livrer bataille aux

Le général Courtney Hodges, chef de la Ire armée, sera éclipsé par le bouillant Patton.

Anglais. Toutefois, le succès de l'opération est gâché par le manque de vigueur de l'assaut de certaines unités de Dempsey et les chefs du 30e corps et de la 7e division blindée sont relevés de leur commandement.

L'exploitation de la percée, la contre-attaque de Mortain

Le 1er août, le SHAEF est profondément remanié. La IIIe armée de Patton est déclarée opérationnelle et Bradley est promu à la tête de ce qui devient le 12e groupe d'armées. La Ire armée américaine est placée sous les ordres du général Courtney Hodges.

Le 21e groupe d'armées de Montgomery est constitué en réunissant la IIe armée anglaise, et la Ire armée canadienne est devenue, elle aussi, opérationnelle en juillet. Montgomery conserve le commandement en chef des forces terrestres en campagne bien que, à compter du 1er août, il soit à égalité de grade avec Bradley. A partir de ce moment, l'énorme prépondérance des forces américaines relègue les Anglais à un rôle secondaire.

Dans la soirée du 1er août, la 4e division blindée américaine pénètre dans les faubourgs de Rennes et la 6e se dirige sur Saint-Malo. Leur progression est si rapide qu'il devient bientôt évident que la libération de la Bretagne peut être confiée aux seules FFI, laissant ainsi à la IIIe armée les mains libres pour orienter sa course vers l'est. Patton reçoit l'ordre de pousser ses troupes sur Le Mans et Orléans.

Ici un des rares raids nocturnes de la Luftwaffe pendant la campagne de Normandie. Au cours de l'opération Bluecoat, les hommes de la 43e division Wessex réussissent à s'emparer des hauteurs qui étaient l'objectif de l'opération Epsom un mois plus tôt. Le mont Pinçon est abandonné par l'ennemi le 6 août, quand von Kluge reçoit l'ordre de rameuter ses forces en vue d'une contre-offensive en direction d'Avranches. Les chars qu'il peut regrouper sont les survivants de quatre divisions blindées autrefois puissantes – les 2e et 116e de la Wehrmacht et les 1re et 2e SS (*Leibstandarte* et *das Reich*). Les Anglais tiennent fermement la zone au sud de l'Orne et les deux armées alliées verrouillent solidement le secteur de part et d'autre de Caumont.

TYPHOONS & TIGERS IN THE FALAISE GAP

Dans le camp nazi, Hitler et son entourage, bercés par leurs fantasmes, imaginent de monter une contre-attaque de grande envergure – bien qu'une retraite générale hors du goulot d'étranglement de Normandie soit la seule solution raisonnable pour éviter l'anéantissement de la VIIe armée. Le 2 août, Hitler somme von Kluge de rassembler toutes les unités blindées pour constituer un corps de bataille qui attaquera entre Mortain et Avranches pour couper les lignes de communication et de ravitaillement des Américains déployés en Bretagne. Le problème de von Kluge est que ses blindés se trouvent aux prises avec les Canadiens et les Anglais et que, dans la soirée du 6 août, les hommes de Patton ont presque atteint Le Mans. Il ne peut donc dégager que quatre divisions, aux effectifs réduits à deux cent cinquante chars, et les Américains se rendent vite compte qu'une contre-attaque se trame. Une partie des troupes qui auraient dû participer à cette opération se heurte aux Anglo-Américains qui marchent sur Vire et cependant, dans la nuit du 7 au 8 août, les Allemands s'élancent à l'assaut de la 30e division d'infanterie. Ils manquent de remporter une victoire, mais la défense héroïque d'un bataillon de GI's, retranchés sur la colline «317», brise le choc de leur offensive. Au lever du jour, le temps est beau et les chasseurs bombardiers alliés s'en donnent à cœur joie. La Luftwaffe ne se manifeste pas.

Dans la matinée du 8 août, Bradley qui a esquissé le plan d'un large mouvement en direction de la Seine,

L'objectif de l'armée canadienne engagée dans l'opération Totalize est la prise de Falaise. Au lieu de se débattre au milieu du bocage, elle combat en terrain plat et découvert, idéal pour les combats de chars. Théoriquement, le retrait de plusieurs unités de blindés allemands participant à l'attaque de Mortain aurait dû leur faciliter la tâche mais, comme partout en Normandie, l'ennemi résiste mètre par mètre. Malgré un bombardement massif de l'aviation dans la nuit du 7 août, la progression est beaucoup plus lente que prévu. L'opération Totalize est le baptême du feu de la 1re division blindée polonaise commandée par le général Maczek.

change de tactique et décide de prendre la totalité des forces allemandes au piège entre les Canadiens se dirigeant sur Falaise et le 15e corps de Patton dérouté au nord, en direction d'Argentan. Enthousiasmé par cette idée, Montgomery acquiesce et un vent d'euphorie générale souffle parmi les officiers de l'état-major allié.

Contraint par Hitler de défendre le terrain, le maréchal von Kluge est le témoin impuissant de l'anéantissement des dernières unités de Panzer.

La poche de Falaise

En engageant la contre-attaque, et en insistant, même après qu'elle a échoué, pour qu'elle soit poursuivie, Hitler a signé l'arrêt de mort de sa VIIe armée. Les consignes alliées sont les suivantes : la IIe armée britannique et la Ire armée américaine doivent contenir les Allemands au centre du dispositif pendant que, sur les flancs, les Canadiens avanceront sur Falaise et le 15e corps américain marchera au nord pour faire sa jonction avec eux, refermant ainsi la trappe. Théoriquement, aucun Allemand ne peut s'échapper.

Alors que les nazis font avancer leurs derniers chars vers l'ouest, droit dans le piège ainsi tendu, les divisions blindées de Patton foncent vers l'est, en direction de la Loire. Pour protéger son flanc, von Kluge raccourcit son front face aux Anglais en opérant un repli en bon ordre jusqu'à une ligne allant

Ci-dessous, des soldats américains examinent l'épave d'un Panther. Bradley est exaspéré par la lenteur des Canadiens auxquels Montgomery n'a pas fourni d'aide, bien qu'il dispose de réserves.

La poche de Falaise se réduit, les mâchoires de la tenaille se referment, transformant la zone encerclée en un vaste champ de tir où les chasseurs bombardiers pilonnent sans relâche les routes encombrées par les épaves des blindés ennemis. Les survivants allemands sont bloqués dans l'étroite vallée de la Dive sur laquelle les ponts de Saint-Lambert sont toujours intacts.

de Bourguébus, sur l'Orne, jusqu'à Thury-Harcourt et le mont Pinçon. Le 6 août, Dempsey lance contre les défenses allemandes du mont Pinçon un assaut qui dégénère en féroces corps à corps. Une fois de plus, dans ce secteur de faibles dimensions, les pertes sont très lourdes.

Le retrait des blindés allemands de Bourguébus permet aux Canadiens de reprendre l'offensive vers le sud, par l'opération Totalize, dans la nuit du 7 au 8 août. Bien qu'il ne se heurte qu'à des fantassins appuyés par les dernières réserves de la 12e Panzer SS, le 2e corps canadien reçoit de plein fouet tout le poids de l'artillerie lourde allemande et des canons antichars. Le général Simonds, commandant le corps, ne voulant pas répéter les erreurs passées, décide de passer à l'attaque de nuit, sans préparation d'artillerie. Il veut concentrer ses chars et son infanterie sur un front étroit, alors que l'aviation pilonne sur ses flancs pour tenir l'ennemi à bonne distance de ses colonnes. Quand le jour se lève, les blindés ont progressé de cinq kilomètres, mais le brouillard matinal retarde la poursuite de l'opération. Plusieurs unités canadiennes et la division blindée polonaise manquent d'expérience et perdent du temps à neutraliser les poches de résistance isolées. De ce fait, les Allemands peuvent se reprendre, sous le

commandement avisé de «Panzer» Meyer.
Ce même matin, Bradley engage ses troupes dans un assaut vers le nord, en direction d'Argentan. Von Kluge, incapable de prendre la moindre initiative sans en avoir préalablement référé au grand quartier général, réalise le danger qu'il court, mais il ne peut rien y changer, sachant de quel prix sera payée une éventuelle désobéissance aux ordres du Führer. Le 12 août, les Américains prennent Alençon et, dans la soirée, ils parviennent en lisière d'Argentan, laissant derrière eux un vide de près de trente kilomètres.

Montgomery pousse les Canadiens à se porter sur Falaise et Argentan pour refermer la nasse autour des Panzer, mais leur progression est entravée par les canons anti-chars allemands. Ce n'est que dans la soirée du 16 août que Falaise est libérée, alors que les commandants des diverses unités participant à l'encerclement ont grand peur de se tirer les uns sur les autres par accident.

Le général Philippe de Hauteclocque (ci-contre) est plus connu sous son nom de guerre «Leclerc» qu'il a adopté pour protéger sa famille demeurée en France. Il se fait connaître d'abord en rassemblant une colonne de deux mille cinq cents volontaires au Tchad qu'il mène à travers le Sahara se battre aux côtés de la VIIIe armée anglaise en Tunisie. Il est nommé à la tête de la 2e division blindée française (la célèbre «2e DB») qui débarque sur Utah Beach le 30 juillet (ci-dessous). La 2e DB est rattachée au 15e corps d'armée de Patton et prend part aux derniers combats pour la réduction de la poche de Falaise.

LANDING IN S. FRANCE

"The Operation Is Going On Extremely Well"

Pendant que sonne le glas de l'armée allemande engagée en Normandie, les Alliés débarquent en Provence

Malgré l'opposition des Anglais qui jugent que cette opération est inutile et absorberait des forces bien plus utiles sur le théâtre d'Italie, les troupes alliées prennent pied sur la côte d'Azur. Un corps d'armée américain, comprenant la 1re armée française sous les ordres du général de Lattre de Tassigny, se lance à l'assaut, ne rencontrant qu'une opposition sporadique et progresse vers le nord en empruntant la vallée du Rhône.

Cependant, en Normandie, il subsiste toujours, dans le piège, un trou de trente kilomètres et les Allemands en profitent pour s'échapper jusqu'au-delà de la Dive. Il faut attendre le 19 août pour que les chars de la division polonaise fassent leur jonction avec la 90e division d'infanterie américaine à Chambois et bloquent la trappe. Cette opération est une véritable tuerie. Dix mille Allemands y trouvent la mort, cinquante mille sont faits prisonniers et pourtant vingt mille hommes parviennent à franchir les lignes alliées, le plus souvent à pied et par petits groupes. Sur le champ de bataille plane une atroce odeur de mort, hommes, chevaux, bétail; chaque route, chaque chemin est jonché d'épaves de tanks, de carcasses de véhicules, de canons démantelés, tristes vestiges de seize divisions. A peine plus de cent véhicules de la Wehrmacht, harcelés sans répit, réussissent à franchir la Seine, que Patton, à son tour, atteint le 19 août à Mantes. Trois jours plus tard, les quatre armées alliées sont massées le long du fleuve. La bataille de Normandie est terminée.

Le 15 août, les troupes alliées, dirigées par le général Patch, débarquent sur les côtes de Provence (à gauche) en contournant le Mur de la Méditerranée construit à Marseille et à Toulon par les Allemands. En Normandie, quelques jours plus tard, la Seine est franchie et la route sur Paris ouverte (ci-dessus).

Parmi les prisonniers allemands, beaucoup sont encore des adolescents (ci-contre). Malgré leurs moyens limités et l'absence d'appui aérien, les Allemands ont mené une guerre défensive extrêmement tenace pendant la campagne de Normandie.

TÉMOIGNAGES ET DOCUMENTS

« La guerre réelle n'est jamais pareille à la guerre sur le papier,
et les comptes rendus ne disent pas grand-chose
sur l'impression qu'elle a produite », écrit Ernest Hemingway
à la fin de son reportage sur le débarquement à Omaha Beach,
pourtant, convaincus de l'importance de leur participation
à la plus grande opération amphibie de tous les temps
et de l'enjeu politique de la libération de l'Europe du joug nazi,
nombreux sont les acteurs du Jour J et de la bataille de Normandie
qui ont témoigné, soldats alliés, allemands, civils français…

Un chef pour Overlord

En 1946, à peine un an après la fin de la guerre, le général américain Omar Bradley entreprend de rédiger ses Mémoires : Histoire d'un soldat, *qui seront publiés en 1951, alors que les Etats-Unis entrent en guerre contre la Corée. Il déclare en préambule : « J'ai tenté d'expliquer comment la guerre est menée sur le terrain par le poste de commandement aux armées, à mi-chemin de la table de conférences et de la tranchée. » Ici, il donne sa version de la constitution du SHAEF.*

Le choix d'un commandant suprême pour Overlord était en discussion depuis janvier 1943 durant la conférence de Casablanca. A cette époque où l'on prévoyait l'invasion d'outre-Manche pour 1943, on s'attendait que l'assaut initial fût essentiellement britannique. Pour cette raison les membres de la conférence proposèrent que l'Angleterre désignât le commandant suprême.

Plus tard, lorsque Overlord fut ajournée à 1944, la prédominance anglaise dans cet assaut fit place aux massives réserves de matériel humain des Etats-Unis. Churchill s'en tint à sa déclaration de Casablanca et proposa qu'un Américain fût nommé commandant suprême. A Québec, le Premier ministre suggéra au président Roosevelt que ce fût le général Marshall. Si jamais homme mérita cette nomination, c'était bien le général Marshall. Cependant, dans la hiérarchie du commandement, nommer commandant suprême le général Marshall constituait un recul par rapport à son poste de chef de l'état-major général de l'armée. Mais recul ou non, si le général Marshall quittait Washington pour l'Europe, personne – pas même Eisenhower – ne pourrait le remplacer.

Finalement, c'est Roosevelt qui prit la décision de maintenir le général Marshall aux Etats-Unis. [...]

Le général Marshall étant hors de course, le seul choix logique retombait sur le titulaire d'un poste comparable dans le secteur méditerranéen. Car après avoir défait l'Axe en Tunisie et en Sicile, Eisenhower forçait le passage en Italie durant cette abominable campagne d'hiver. Sous le rapport de l'expérience, du tact et de l'ampleur des conceptions, Ike était admirablement placé pour ce travail. Bien que certains de ses subordonnés américains estimassent

Roosevelt et Churchill lors de la conférence de Québec en août 1943.

qu'il était trop prompt à des compromis, spécialement dans les discussions entre Anglais et Américains, Eisenhower avait démontré en Méditerranée que le compromis est essentiel à la bonne intelligence dans une lutte alliée.
Je confesse que parfois je trouvais Eisenhower trop anxieux d'apaiser le commandement britannique, mais j'admets que j'étais un juge partial; car en tant que commandant terrestre américain, c'était souvent moi le partisan des Yankees dans ces discussions.

Au début de décembre, Eisenhower apprit du président Roosevelt qu'il avait été désigné au Caire pour le commandement suprême de l'invasion Overlord.

Six mois seulement le séparent du jour J, Ike ne perdit pas de temps à former un embryon de SHAEF recruté parmi ses camarades de Méditerranée. Si jamais Eisenhower avait eu besoin d'une équipe expérimentée et habile, c'était bien pour l'invasion outre-Manche.

Au titre de commandant en chef adjoint du SHAEF, Eisenhower manda en Angleterre son Premier Aviateur de Méditerranée. Anglais fumeur de pipe et taciturne, le maréchal en chef anglais Tedder avait gagné la fidélité et l'affection de ses collègues américains d'Afrique par sa modestie, son habileté et sa discrétion exemplaire. Bras droit discret d'Eisenhower, Tedder avait contribué à forger la brillante armée aérienne de Méditerranée.

Pour chef d'état-major, Eisenhower prit le brillant Bedell Smith, dur

Eisenhower (ci-dessus) et Montgomery (à droite), le haut commandement du SHAEF.

travailleur qui occupait alors un poste analogue au GQG allié de Casablanca.

Contrastant avec l'aimable et suave Eisenhower, Smith pouvait être brutal et tranchant. Cependant, comme son chef, il était disert et expressif, sophistiqué, et discret durant ces crises diplomatiques qui survenaient parfois au SHAEF. « Bedell, dites-leur d'aller se faire foutre, dit un jour Eisenhower, faisant allusion à une mission qui se présentait au SHAEF, mais dites-leur de telle façon qu'ils ne se vexent pas. »

Pour commander le 21e groupe d'armées britannique, Eisenhower fit d'abord appel à son bon ami et collaborateur de Tunisie, le général Alexander. Ce dernier avait accompagné Eisenhower de Tunisie en Sicile et en Italie où il commandait le groupe d'armées réunissant celles de Clark et de Montgomery.

L'amitié d'Eisenhower et d'Alexander remontait à février 1943 quand Alexander, quittant son commandement des forces britanniques du Moyen Orient, s'était joint à Eisenhower à Alger en tant que commandant du 18e groupe d'armées pour les quatre derniers mois de la campagne de Tunisie. Là, il avait non seulement fait preuve du jugement tactique acéré qui devait faire de lui le général le plus exceptionnel de la campagne d'Europe, mais il s'était montré capable de s'accommoder aisément du chauvinisme et des jalousies des personnalités alliées placées sous ses ordres. A l'automne 1943, avec la Tunisie, la Sicile et Salerne à son actif, Alexander occupait une place unique dans le haut commandement allié. C'était notre seul commandant de groupe d'armées et, en conséquence, le seul qui eût l'expérience de ce poste. En même temps, il témoignait d'une incomparable habileté dans la fusion des efforts de deux armées alliées en une campagne cohérente unique.

Naturellement discret, effacé et

minutieux, Alexander ne demandait pas mieux que de laisser les rappels à ses commandants adjoints. En conséquence, sa renommée fut bientôt éclipsée par la silhouette de Bernard Montgomery au béret légendaire. Mais tandis que le dernier apparaissait comme le symbole de l'entrée en guerre de l'Angleterre, c'est Alexander qui jouissait de la cote maximale dans l'esprit des professionnels alliés qui les connaissaient tous les deux.

Le talent incomparable de Monty pour la bataille «organisée» – l'offensive méticuleusement préparée – le rendent inestimable pour Overlord. Car la traversée de la Manche se déroulerait selon un plan strict ; rien ne serait abandonné à l'improvisation de dernière heure. Jusqu'à ce que nous ayons la maîtrise d'une tête de pont, nous devions mettre toute notre foi dans le plan.

Psychologiquement, le choix de Montgomery en qualité de commandant britannique pour l'assaut Overlord nous stimula tous. Car cette figure mince, osseuse, qui vous dévisageait au-dessus d'un chandail à col roulé qui n'avait rien de militaire, était devenue en un peu plus d'un an un symbole de victoire aux yeux du monde allié. Rien ne sied mieux à un général que le succès de ses armées, et Montgomery portait le succès avec une foi si inébranlable dans les armes anglaises qu'il était chéri de tout le peuple britannique fatigué des glorieuses retraites. Mais nulle part la mince et droite silhouette de Montgomery, avec son pantalon de velours à côtes plein de poches et pas repassé, ne faisait naître plus de certitude que parmi les soldats anglais eux-mêmes. Même Eisenhower avec ses façons aisées ne put jamais soulever l'enthousiasme des troupes américaines jusqu'à la passion avec laquelle ses troupes accueillaient Monty. Parmi ses hommes, la légende de

Montgomery était devenue un fait impérissable.

Omar Bradley,
Histoire d'un soldat,
traduit par Boris Vian,
Gallimard, Paris, 1952

L'opération Fortitude

Le nom de code « Fortitude » regroupe toutes les opérations mises en œuvre dès la préparation d'Overlord et destinées à intoxiquer l'adversaire sur les intentions véritables des Alliés en l'inondant de faux renseignements, en le trompant sur la date de l'invasion et surtout en lui faisant croire que le débarquement aurait lieu dans le Pas-de-Calais.

Le génie des constructeurs des leurres en caoutchouc et en bois : faux char Sherman, faux canon, faux camion.

Les différentes mesures d'intoxication

– La multiplication des fausses informations communiquées aux journalistes et diplomates neutres vivant en Grande-Bretagne.

– L'opération (montée par l'acteur David Niven, officier des services de contre-espionnage) qui consista en mai 1944 à déplacer ostensiblement un sosie de Montgomery à Gibraltar afin d'accréditer l'idée que le débarquement se préparait plutôt en Espagne ou en Provence.

– Les bombardements et missions d'observation menées systématiquement au nord et nord-est de la Seine afin de conforter le haut commandement allemand dans l'idée que le débarquement se déroulerait dans le Pas-de-Calais.

– La concentration fictive de troupes face au Pas-de-Calais, prêtes à franchir le détroit. Pour cela, les Alliés placèrent des bâtiments de débarquement factices

ou périmés à l'est de l'île de Wight dans les ports de Douvres et Folkestone et installèrent dans le sud-est de l'Angleterre un état-major pour un haut commandement allié fictif. Puis ils construisirent de faux cantonnements, des camps, des routes et des installations de déchargement soi-disant destinés à la IIIe armée américaine du général Patton.

De fausses liaisons radio seront même entretenues entre le quartier général de Montgomery à Portsmouth et le quartier général fictif de Patton installé dans le Kent. Ce faux QG était composé d'une série de postes émetteurs qui expédièrent sans arrêt sur les ondes de faux messages codés ou indéchiffrables. Pour donner encore plus de réalité à la

Les «asperges de Rommel» devaient stopper le débarquement des Alliés.

présence de la IIIe armée, les Alliés firent aux abords des massifs forestiers de fausses traces de chenilles et retournèrent la terre des champs de manière à faire croire au passage de gros véhicules. Enfin, la défense antiaérienne du secteur reçut l'ordre de laisser passer les avions de reconnaissance de la Luftwaffe.

-Evoquons enfin l'ultime opération d'intoxication, baptisée «glimmer», prévue pour la nuit précédant le débarquement. Au prix d'une navigation compliquée mais très précise, douze vedettes lance-torpilles équipées de dispositifs spéciaux aptes à tromper les radars allemands et deux escadrilles de bombardiers lourds chargés de larguer des feuilles d'aluminium (ou «window» en nom de code) devaient tromper les défenseurs et leurrer les radars en faisant croire à une offensive majeure vers Boulogne et le cap d'Antifer.

François de Lannoy,
Plans et préparatifs alliés,
in *Overlord album mémorial*,
Editions Heimdal, Bayeux, 1993

Rapport sur le terrain d'Omaha

Parallèlement, la Résistance française renseigne activement les états-majors alliés, comme ici, permettant d'établir un rapport précis de la côte à Omaha Beach

Quelles conclusions peut-on tirer du terrain ?
 – La présence des chenaux de marée incite à débarquer à marée basse.
 – Il faut s'emparer au plus vite des hauteurs dominant la plage pour interdire à l'ennemi toute possibilité d'observation et de tir direct sur la plage.
 – Il faut s'emparer très vite des ravins qui sont les seules voies d'accès vers l'intérieur.
 – L'objectif de la tête de plage doit s'étendre jusqu'à la crête qui court parallèlement au rivage au sud de Vierville–Saint-Laurent–Colleville.
 – Trois directions s'imposent pour les axes d'effort :
   Isigny et son pont,
   Trévières et son haut de terrain,
   le mont Cauvin.
 – En fin de journée, le jour J, la ligne à atteindre semble devoir être la rive nord de l'Aure et la croupe nord-est de la Tortonne.
 – Sur la plage même, il faut déblayer la digue de galets et ouvrir des passages dans les dunes de sable, plus particulièrement entre Vierville et Les Moulins. […]

Conclusion à tirer sur l'ennemi :
 – Il semble difficile de débarquer la première vague à marée haute, à cause des obstacles sous-marins.
 – Mais d'autre part, il s'avère impossible de franchir 400 m de plage sous le feu ennemi.
 – Donc, il faut détruire les armes ennemies au préalable et maintenir l'appui le plus longtemps possible. On ne peut demander cet appui à l'aviation, à cause des marges de sécurité – on le demandera à la marine – Mais il reste malgré tout un trou de feu.
 – Dans ces conditions, il faut débarquer de jour, après une puissante préparation.
 – Quand débarquer ? Le plus tôt possible le matin, pour avoir le maximum d'heures de combat dans la journée. Mais il faut utiliser la nuit au maximum. D'où le transbordement des forces d'assaut se fera de nuit.

Archives du service inter-armes, Mémorial de Caen

Préparatifs des GI's en Angleterre

A partir de 1943, des milliers de soldats américains mettent le pied sur le sol anglais dans le cadre de l'opération Overlord. Certains d'entre eux ont déjà participé aux débarquements d'Afrique du Nord, de Sicile et d'Italie. Mais nombreux sont ceux qui n'ont pas encore essuyé le feu de l'ennemi. Les hommes n'ont que quelques mois pour s'entraîner aux manœuvres de débarquement.

L'exercice tragique de Slapton Sands

Portsmouth, à bord du LST 506

Le 1er avril 1944, nous touchâmes pour la première fois le sol d'Angleterre. Une semaine plus tard, nous arrivions à Portsmouth.

Après Portsmouth, notre première escale fut Plymouth où nous devions décharger une énorme grue qui avait basculé sous l'effet du gros temps rencontré pendant notre traversée de l'Atlantique. Il fallut un équipement spécial et de nombreuses heures de travail pour y parvenir. Ce labeur nous empêcha de sortir en Manche et de participer à un exercice de débarquement auquel prenaient part plusieurs unités de notre flottille. En fait, cette manœuvre s'avéra un désastre majeur. Nos bateaux naviguaient sans navires d'escorte, bien que l'on ait su que des vedettes lance-torpilles allemandes rôdaient dans les parages. Ces « E-boote » étaient très rapides, capables d'atteindre 50 nœuds, alors que la vitesse maximale des LST ne dépassait pas

Le drame de l'exercice Tigre à Slapton Sands sera censuré durant des dizaines d'années.

14 nœuds. Vers minuit, les Allemands repérèrent nos bateaux, ils les attaquèrent, coulèrent le LST 507 et en endommagèrent plusieurs autres.

On nous raconta en détail ce drame par la suite, mais en nous menaçant de la cour martiale si nous en disions le moindre mot aux civils lors de nos permissions à terre. Cette nuit-là, 946 soldats et marins américains furent portés disparus ou tués.

L'histoire montre bien que même les meilleurs plans des hommes peuvent parfois tourner au désastre. Il semble que nos bateaux aient été branchés sur une mauvaise fréquence radio lorsque la fin de l'exercice fut annoncée et qu'ils n'entendirent pas le message ordonnant à toutes les unités de revenir au port. [...]

Au début de la première semaine de juin, les équipages de la marine furent consignés à leur bord. Cela signifiait la suppression de toutes les permissions à terre. L'embarquement du matériel et des troupes commença, et de tous les coins et recoins d'Angleterre, tanks, camions, canons et hommes affluèrent, convergeant vers les ports de la côte sud. Je pense que tout le littoral de l'Angleterre a dû s'enfoncer de 50 cm sous ce poids excessif.

Avec un de mes camarades, je fus envoyé à terre prendre le courrier et nous nous arrêtâmes près de la poste pour bavarder avec deux filles au sourire engageant. Elles nous dirent qu'elles ne croyaient pas à l'invasion et pourtant la population ne pouvait pas ignorer les massifs mouvements de troupes qui s'effectuaient sous ses yeux ; je me suis longtemps demandé si les deux filles n'avaient pas essayé de nous extorquer des renseignements pour les communiquer aux services secrets allemands. Nous ne leur dîmes pas que nos bateaux étaient déjà chargés et que l'invasion commencerait le lendemain.

D'ailleurs, deux policiers militaires jaillirent d'une Jeep et nous demandèrent ce que, par le diable !, nous faisions en ville. Après quelques explications délicates, nous fûmes conduits *manu militari* au quai, fermement priés de regagner notre bord et de n'en plus bouger.

Lettre de Joseph P. Doyon, 4-7 juin 1944,
Mémorial de Caen,
traduit par Pierre M. Reyss

L'entraînement sur le DUKWs

Notre première vision de l'Angleterre fut l'embouchure de la Mersey que nous avons remontée jusqu'à Liverpool. Il faisait nuit quand nous avons débarqué et on nous a fait monter aussitôt dans un train à destination d'une ville du Nord-Devon, appelée Mortehoe, près de Woolacombe, sur le canal de Bristol. Nous étions envoyés au centre d'entraînement des troupes d'assaut et je pense que vous en avez entendu parler car c'est là que l'infanterie a reçu sa formation en vue de l'invasion.

La 453e était la première compagnie dotée de DUKWs sur le théâtre d'opérations en Europe et, comme telle, considérée un peu comme un phénomène. Des quantités de généraux sont venus voir comment nous nous exercions et comment nous manœuvrions nos engins si bien que, par la suite, de nombreux plans de l'offensive ont été dressés en fonction de leurs observations.

Le Nord-Devon était un endroit épatant. Les plages étaient immenses et, à certains égards, cela ressemblait à la côte française. Nous étions cantonnés dans un camp d'été constitué de petits baraquements, un peu comme les cabanes pour touristes qu'on voit en Amérique.

Je me suis fait beaucoup d'amis parmi les gars du camp et nous passions la plupart de nos soirées dans une vieille auberge, toute petite, appelée *Fox Hunter's Inn*. Sa patronne était la femme d'un officier de la RAF et c'était quelqu'un avec qui il fallait compter. Un peu avant 22 h, quand elle nous rappelait l'heure proche de la fermeture, nous avions le droit de finir notre pinte de bière au vestiaire.

De septembre à janvier, nous avons pris nos quartiers dans cet endroit agréable. Fin décembre, nous avons reçu ordre de faire mouvement sur la côte sud de l'Angleterre. Nous n'avions aucune idée des raisons de ce changement, mais on a bouclé nos sacs et pris la route. A notre arrivée, nous avons appris que nous allions prendre part à la première répétition des opérations du jour J.

Nous avons passé Noël 1943 dans un camp de tentes, sur les rives d'une petite rivière noyées dans la boue. Ce n'était pas très engageant. Pourtant, nous avons eu droit à la dinde traditionnelle. Pour le nouvel an 1944, nous avons été réduits à boire l'alcool pur de la trousse d'un médecin de la marine, à bord d'un LST quelque part en Manche. On y a mélangé des jus de fruits et on a bien arrosé la nouvelle année. L'exercice s'est déroulé cette semaine-là et nous avons eu le premier avant-goût de ce qu'était une invasion.

A la fin de la manœuvre, on nous a expédiés à Swansea, dans le pays de Galles. Nous y sommes arrivés le 17 janvier 1944 et nous avons été affectés à la 5e brigade spéciale du génie. Cette brigade était constituée des diverses formations nécessaires au débarquement en force d'une division d'infanterie. Les unités dotées de DUKWs formaient les 453e, 458e et 459e compagnies, toutes trois rattachées au 131e bataillon de commandement pour les questions d'administration et d'opération.

Le mois de mai a été consacré à la mise au point définitive de nos véhicules et de nos divers équipements en prévision du jour J. Pour ce qui est de la 453e, cela signifiait retirer les roues des 50 DUKWs, changer les tambours de freins, remplacer les joints, et un million d'autres détails qui pourraient empêcher un véhicule de tourner rond.

Il était non seulement essentiel que notre matériel soit en parfait état, mais il fallait aussi que chaque homme soit au meilleur de sa forme.

Lettre de Charles S. Dedon, 25 mai 1945,
Mémorial de Caen,
traduit par Pierre M. Reyss

Exercice des troupes britanniques : débarquement avec vélos.

Où allons-nous débarquer ?

Le Breton Gwenn-aël Bolloré fait partie des 177 Français engagés aux côtés du commandant Kieffer qui débarquent le 6 juin à Ouistreham sur Sword Beach. « Je n'étais ni Churchill, ni Eisenhower, ni Montgomery. Je n'étais ni général, ni lieutenant, mais simple soldat, membre du 4e commando franco-britannique (rattaché à la 1re brigade de lord Lovat). J'avais dix-huit ans... », écrit-il dans ses Mémoires. Avec ses camarades, il découvre le lieu du débarquement.

Ce camp était bien plus strict que l'on put imaginer : pas de permissions, pas de courrier, aucun contact avec l'extérieur. Nous n'étions déjà plus en Angleterre.

Cela nous avait plu, car c'était le but vers lequel nous tendions tous depuis quelques mois, depuis plusieurs années pour certains.

Dès le lendemain, commença une longue instruction. Dans les tentes où se déroulait le «briefing», des plans en relief représentant des plages, des villes, la campagne étaient dressés. Chaque jour, de nouvelles photographies communiquées par la RAF étaient apportées. Tel blockhaus n'existait plus, tel autre était endommagé, tel autre se construisait.

«Tu as bien compris? répétait le commandant Kieffer au sergent Coste. Ta barge de débarquement échoue là, juste à côté de ce point que tu vois sur cette photo. Ce sont des chevaux de frise, donc oblique un peu sur ta droite pour traverser la plage...»

Et plus tard :

«La grand rue qui conduit au port n'est pas plane. Sa partie droite est en contrebas, donc en rampant dans le

ruisseau vous devez être à couvert des armes automatiques de ce petit blockhaus... »

Chaque jour, de nouveaux documents photographiques remettaient tout en question mais, peu à peu, nous nous imprégnions de cette topographie anonyme qui figurerait notre but et deviendrait, pour certains, le point final.

Le soir, l'un des sujets de conversation était naturellement le lieu du débarquement. Les pessimistes disaient d'un air pénétré :

« C'est en Belgique ou en Hollande ! »

Nous, les Bretons, nous souhaitions vivre une opération en tenaille « Saint-Malo–Saint-Nazaire », avec la jonction à Rennes.

Nous ne réalisions pas, jeunes chiens que nous étions, tout le cortège de destructions, de misère et de deuils qui allaient inévitablement accompagner une telle opération.

Tous ceux d'entre nous qui étions nés ou avions vécu au bord de la mer, cherchions dans nos mémoires à reconnaître un port, une plage.

Espéraient-ils ou craignaient-ils le hasard qui les ferait revenir si bruyamment chez eux ?

Ils savaient que le débarquement c'était la mort, mais revoir *son* village avant les autres villages !

D'une tente voisine, la nouvelle se propagea : des Normands avaient reconnu les lieux, et le grand plan en relief de la salle de conférence suspend son anonymat. Tout devint plus terriblement proche de nous. Le port c'est Ouistreham ; le grand blockhaus, l'ancien casino ; le point de débarquement La Brèche, près de Riva Bella. quels noms prédestinés !

Guy de Montlaur exulte. Ce casino lui a coûté cher avant la guerre. Il ne lui déplaira pas demain d'y casser quelques vitres, du moins symboliquement, car de la bâtisse style rococo qui abritait les beaux jours de l'avant-guerre, il ne reste rien et, à sa place, se dresse maintenant un monstre de béton percé d'ouvertures meurtrières.

La nouvelle court, galope... et les Anglais s'affolent car même le brigadier général lord Lovat, qui commande la 1re Special Service Brigade, à laquelle nous sommes rattachés, ignore les véritables noms qui devraient figurer sur les cartes.

« Messieurs, par suite de circonstances, vous connaissez le lieu du débarquement. Soyez discrets, n'en parlez à personne. Ne me dites rien ; je ne veux pas le connaître. »

Notre général ne sait rien. Il ne veut pas savoir. (En réalité, lord Lovat connaissait les noms exacts de notre zone de débarquement, mais il feignit de les ignorer, par souci de prudence.)
Les Anglais n'ont décidément pas fini de nous étonner. [...]

La vie du camp est calme. Nous nous livrons à de longues parties de poker ; le piper de lord Lovat joue interminablement de son instrument ; culture physique, repos, conférences.

Nous avons déjà quitté la civilisation. L'aventure commence dans un engourdissement étrange. Nous sommes séparés des vivants et cela pourrait durer l'éternité si un matin, le 5 juin...

Nous sommes plusieurs milliers autour de lord Lovat. Il parle longuement en anglais. Cela veut dire : « On y va ! », puis il conclut : « A mes camarades français, je ne dirai qu'un seul mot : Courage, demain matin on les aura, les Boches ! (en français) »

Ça, au moins, nous avons tous compris.

Gwenn-aël Bolloré, dit Bollinger,
Commando de la France libre,
6 juin 1944,
Éditions du Cherche-Midi, Paris, 1983

Le Alliés écartent le général de Gaulle du débarquement

Aux premiers jours de juin, Winston Churchill est confiant, persuadé que lorsqu'il informera le général de Gaulle du débarquement en Normandie, ce dernier approuvera et soutiendra ouvertement le plan anglo-américain d'invasion. Il déclare à Roosevelt : « De Gaulle saura dire ce qu'il faut. » Mais le général, ulcéré d'avoir été prévenu si tard, s'insurge lorsqu'il comprend que les Alliés mettent en doute sa légitimité.

Eisenhower et de Gaulle.

La confrontation des géants

Le 4 juin au matin, le général de Gaulle arrive à Londres à la demande de Churchill qui le convoque à son quartier général de Portsmouth et lui apprend l'imminence du débarquement.

Dans l'après-midi, Churchill et Eden conduisent de Gaulle au quartier général de Eisenhower, dans une forêt proche. « Il est reçu en grande pompe, rappelle Churchill. Ike et Bedell-Smith rivalisaient de courtoisie. » Puis Ike l'emmène dans la tente faisant office de salle des cartes et, en vingt minutes, lui dresse le panorama complet de ce qui allait se passer.

« Eisenhower, écrit de Gaulle, nous expose avec beaucoup de clarté et de maîtrise de soi son plan pour le débarquement et l'état des préparatifs. Je constate que, dans cette affaire très risquée et très complexe, l'aptitude des Anglo-Saxons à établir ce qu'ils appellent le "planning" s'est déployée au maximum. Toutefois, le commandant en chef doit encore fixer le jour et l'heure et, sur ce point, il est en proie à de rudes perplexités. Tout a été calculé, en effet, pour que le débarquement ait lieu entre le 3 et le 7 juin. Passé cette date, les conditions de marée et de lune exigeraient que l'opération soit reportée d'environ un mois. Or, il fait très mauvais temps. Pour les chalands, les pontons, les chaloupes, l'état de la mer rend aléatoires la navigation et l'abordage. Cependant, il faut que l'ordre du déclenchement, ou de la remise, soit donné au plus tard demain. »

Le général Eisenhower, contrairement à ses homologues anglais, connaît et apprécie le génie militaire de De Gaulle. De plus, le commandant en chef est un fin diplomate. Il demande alors à de Gaulle son opinion sur le projet et le général français, flatté de cette marque d'attention, est heureux de lui répondre : « Je vous dirai seulement qu'à votre place, je ne différerais pas. » Malheureusement, ce n'est pas qu'un problème purement militaire. Alors que de Gaulle se dispose à se retirer, Eisenhower lui annonce avec une gêne manifeste : « Général, le jour du débarquement, je me propose de faire une proclamation au peuple français et j'aimerais que vous en fassiez autant. »

De Gaulle : « Vous, faire une allocution au peuple de France ? De quel droit ? Et qu'allez-vous lui dire ? » Le commandant en chef lui tend alors un document dactylographié que de Gaulle lit sur-le-champ et trouve non satisfaisant. « Eisenhower, rappelle de Gaulle, invite le peuple français à exécuter ses ordres. Il décide que "dans l'administration, tout le monde continuera d'exercer ses fonctions, à moins d'instructions contraires." Une fois la France libérée "les Français choisiront eux-mêmes leurs représentants et leur gouvernement." Bref, il se donne l'apparence de prendre en charge notre pays pour lequel il n'est, cependant, qu'un général allié habilité à commander des troupes mais qui n'a pas le moindre titre à intervenir dans son gouvernement. »

Mais, aux yeux de De Gaulle, cette proclamation présente un autre défaut grave : Eisenhower, suivant en cela les instructions du président Roosevelt, ne cite pas une seule fois le nom du chef de la France libre. Ceci est inacceptable et de Gaulle ne le dissimule pas. Eisenhower, semble-t-il, réplique de façon très diplomatique qu'il ne s'agit que d'un projet et qu'il est prêt à le remanier en fonction des observations de son interlocuteur. Il est convenu que de Gaulle lui fera connaître explicitement, le lendemain, les changements qu'il juge nécessaires.

Le lendemain matin, 5 juin, de Gaulle adresse à Eisenhower une version revue et corrigée de sa proclamation. « Ainsi que je m'y attends, écrit de Gaulle par la suite, on me répond qu'il est trop tard car la proclamation, déjà imprimée (elle l'est depuis huit jours), va être d'un instant à l'autre déversée sur la France. Le débarquement, en effet, commencera la nuit prochaine. » Ainsi, le débarquement sur le sol français va être entrepris sans qu'aucun accord soit conclu à propos de l'administration des territoires libérés ou de la monnaie qui sera utilisée, sans même une proclamation acceptable au peuple français. La France ne sera pas véritablement libérée, mais occupée par une autre puissance, comme l'Italie. De Gaulle est fou furieux. Bien sûr, Eisenhower lui a dit et répété qu'en fait, il négociera toujours, une fois en France, avec le Comité de Libération. Mais ceci, pour le chef de la France libre, est absolument insuffisant. La France combattante – c'est-à-dire la France – est de toute évidence tenue à l'écart et insultée. Le général de Gaulle, tel que nous le connaissons maintenant, n'est pas homme à laisser un affront impuni.

Charles Peake, qui assure la liaison entre le Foreign Office et le SHAEF, vient préciser à de Gaulle le rôle qui lui sera dévolu le lendemain. D'abord, les chefs d'Etat de l'Europe occidentale parleront à leurs peuples : le roi de

Norvège, la reine de Hollande, la Grande Duchesse de Luxembourg, le Premier ministre de Belgique. Ensuite, Eisenhower prononcera une allocution et, enfin, de Gaulle s'adressera au peuple français. C'est sans compter avec la personnalité du général – et son état d'esprit du moment. Il refuse sèchement : « En parlant aussitôt après le commandant en chef, je paraîtrais avaliser ce qu'il aura dit et que je désapprouve et je prendrais dans la série un rang qui ne saurait convenir. Si je prononce une allocution, ce ne peut être qu'à une heure différente, en dehors de la suite des discours ». [...]

Tout au long de ces dernières vingt-quatre heures, Churchill s'est trouvé dans un état de très vive tension nerveuse. Il connaît, sans doute mieux que personne, les risques encourus par un assaut amphibie contre un littoral puissamment fortifié ; il s'attend à ce que les pertes de la force anglo-américaine engagée dans la bataille soient très lourdes et l'incertitude sur les conditions météorologiques ajoute à son anxiété. C'est alors que, dans l'après-midi du 5 juin, on lui rapporte que de Gaulle refuse de s'adresser au peuple français sur les ondes. Cette nouvelle – qui n'est pas parfaitement exacte – a sur le Premier ministre un effet dévastateur. La conférence de la veille l'a ulcéré et ce nouvel incident confirme ses pires soupçons : de Gaulle est véritablement un « saboteur, un obstructeur ». Churchill donne libre cours à sa rage lors du conseil des ministres.

Au cours du conseil, on apprend encore que le général de Gaulle refuse de laisser embarquer les deux cents officiers français de liaison, dès lors que nul accord n'est intervenu pour préciser leur statut et leurs tâches. A cette nouvelle, Churchill s'étrangle de rage.

Plusieurs heures dramatiques vont s'écouler. Vers 21 heures, on avise Churchill de l'existence du malentendu : de Gaulle n'a pas refusé de prononcer une allocution mais seulement de la faire immédiatement après Eisenhower. Mais le Premier ministre, qui a déjà quelque peu forcé sur le whisky, est hors de lui : « De Gaulle parlera à l'heure prévue, de l'endroit prévu. Il n'a qu'à s'y conformer... »

A 1 heure du matin, alors que les premiers parachutistes sont largués sur la France, Viénot revient au ministère des Affaires étrangères. Il y trouve Eden en compagnie de Churchill et leur répète que de Gaulle ne refuse pas de parler à la radio mais qu'il maintient sa décision à propos des officiers de liaison. Churchill explose, rugit, mugit, devenant incohérent dans sa colère. « Le Premier ministre, rapporte Eden en une description très édulcorée de la scène, ne cache pas qu'il n'a plus confiance en de Gaulle et qu'il a la conviction qu'aussi longtemps qu'il sera le chef de la France libre, il sera impossible d'établir de bonnes relations entre ce pays et les alliés anglo-américains. Il clame que de Gaulle est un ennemi et tient sur son compte toutes sortes de propos aussi peu amènes. » Viénot se retire en protestant. Churchill fait appeler Desmond Norton et lui donne ses instructions : « Allez dire à Bedell-Smith de mettre de Gaulle dans le premier avion et renvoyez-le à Alger, menottes aux poignets s'il le faut. Il lui sera interdit de mettre le pied en France... »

François Kersaudy,
Churchill and de Gaulle,
Fontana Press, Londres, 1990

Le général de Gaulle s'adresse au peuple français

Churchill et de Gaulle parviennent à un arrangement et le général prononce à la BBC un discours qui entrera dans l'histoire

La bataille suprême est engagée !

Après tant de combats, de fureurs, de douleurs, voici venu le choc décisif, le choc tant espéré. Bien entendu, c'est la bataille de France et c'est aussi la bataille de la France !

D'immenses moyens d'attaque, c'est-à-dire, pour nous, de secours ont commencé à déferler à partir des rivages de la vieille Angleterre. Devant ce dernier bastion de l'Europe à l'Ouest, fut arrêtée naguère la marée de l'oppression allemande. Il est aujourd'hui la base de départ de l'offensive de la liberté. La France, submergée depuis quatre ans, mais non point réduite, ni vaincue, la France est debout pour y prendre part.

Pour les fils de France, où qu'ils soient, quels qu'ils soient, le devoir simple et sacré est de combattre par tous les moyens dont ils disposent. Il s'agit de détruire l'ennemi qui écrase et souille la patrie, l'ennemi détesté, l'ennemi déshonoré. [...]

Cette bataille, la France va la mener avec fureur. Elle va la mener en bon ordre. C'est ainsi que nous avons, depuis quinze cents ans, gagné chacune de nos victoires. C'est ainsi que nous gagnerons celle-là. En bon ordre ! Pour nos armées de terre, de mer, de l'air il n'y a point là de problème. Jamais elles ne furent plus ardentes, plus habiles, plus disciplinées. L'Afrique, l'Italie, l'océan et le ciel ont vu leur force et leur gloire renaissantes. La terre natale les verra demain !

Pour la nation qui se bat, les pieds et les poings liés, contre l'oppresseur armé jusqu'aux dents, le bon ordre dans la bataille exige plusieurs conditions.

La première est que les consignes données par le Gouvernement français et par les chefs français qu'il a qualifiés de le faire à l'échelon local soient exactement suivies.

La seconde est que l'action menée par nous sur les arrières de l'ennemi soit conjuguée aussi étroitement que possible avec celle que mènent de front les armées alliées et françaises. Or, tout le monde doit prévoir que l'action des armées sera dure et longue. C'est dire que l'action des forces de la Résistance doit durer pour aller en s'amplifiant jusqu'au moment de la déroute allemande.

La troisième condition est que tous ceux qui sont capables d'agir, soit par les armes, soit par les destructions, soit par le renseignement, soit par le refus de travail utile à l'ennemi, ne se laissent pas faire prisonniers. Que tous ceux-là se dérobent d'avance à la clôture ou à la déportation ! Quelles que soient les difficultés, tout vaut mieux que d'être mis hors de combat sans combattre.

La bataille de France a commencé. Il n'y a plus dans la nation, dans l'Empire, dans les armées qu'une seule et même volonté, qu'une seule et même espérance. Derrière le nuage si lourd de notre sang et de nos larmes voici que reparaît le soleil de notre grandeur.

Charles de Gaulle,
Discours de guerre,
Editions Egloff, 1945

Les acteurs du Jour J

Les hommes qui ont débarqué en Normandie le 6 juin 1944 savent bien qu'ils ont participé à une aventure exceptionnelle. Célèbres ou anonymes, nombreux sont ceux qui ont voulu témoigner. Du côté allemand, règnent la confusion, la panique des défenseurs du Mur de l'Atlantique, la désillusion des chefs.

Phase 1 : les planeurs larguent les hommes à l'arrière des lignes.

Sam Gibbons : j'y étais !

Aujourd'hui sénateur aux Etats-Unis, Sam Gibbons relate ici l'équipement des parachutistes qui sautèrent dans la nuit du 5 au 6 juin

Il faisait nuit noire, un léger brouillard montait du sol. Je sautai et mon parachute s'ouvrit avec un grand claquement de toile qui traduisait la surcharge de mon équipement de combat.

J'avais 24 ans, capitaine au 501e régiment d'infanterie parachutiste rattaché à la 101e division aéroportée qui, avec la 82e division, avait lâché du haut du ciel 12 000 hommes au cours de cette fameuse nuit. Nous étions le fer de lance de l'invasion de l'Europe.

A cette occasion, on nous avait rasé les cheveux – les chirurgiens avaient déclaré que cela serait plus commode pour recoudre les plaies du crâne – nos visages et nos mains avaient été passés au noir de fumée pour être moins visibles. Nous portions un treillis de combat et des bottes de saut spéciales. Tous nos vêtements, y compris sous-

vêtements et chaussettes, avaient été imprégnés d'un produit chimique destiné à nous protéger des gaz et nous sentions aussi mauvais qu'une meute de putois. En temps normal, je pesais un peu plus de 80 kg mais, cette nuit-là, je dépassais largement les 100 kg.

Mon équipement comprenait tout ce qu'il fallait pour le saut de cette nuit. Deux parachutes, l'un dans le dos et celui de secours sur le ventre. Nous portions tous un gilet de sauvetage gonflable parce que nous devions survoler la mer et sauter près d'une rivière. D'ailleurs, beaucoup d'hommes furent heureux d'en avoir été pourvu cette nuit-là.

Nous portions également un baudrier et une cartouchière autour des reins, lestée de 30 cartouches de calibre 45 pour le pistolet automatique et d'une centaine de balles de 30 pour notre carabine. Ajoutez à cela deux grenades à main, un pistolet de 45 chargé et armé, une carabine à crosse pliante de 30, également chargée et armée, un poignard avec une lame de 30 cm attaché à la guêtre gauche pour les combats au corps à corps, une gamelle avec un quart, une cuiller et un plat métallique pour cuisiner, des comprimés pour purifier l'eau, une trousse d'urgence fixée au filet de camouflage du casque, une autre trousse médicale comprenant deux doses de morphine injectable, un désinfectant, des compresses. Dans une poche sur la cuisse, on avait glissé une petite mine anglaise antichar car les blindés pullulaient dans les parages, un masque à gaz (j'avais ajouté deux boîtes de bière). Sur les épaules, un havresac contenant un poncho imperméable, une couverture, une brosse à dents, du papier toilette et six boîtes de rations « K » de survie. Notre fourniment comptait aussi une pelle-pioche pour creuser un abri individuel, des cartes, une lampe torche et une boussole. On nous avait en outre remis une « trousse d'évasion » contenant une boussole miniature, une carte de France imprimée sur soie et l'équivalent de 300 dollars en billets de banque français usagés. Pour parfaire notre équipement, nous avions reçu deux autres « gadgets ». D'abord une plaque-matricule d'identification soudée à une chaîne métallique autour du cou et conçue de telle sorte qu'elle ne fasse aucun bruit malgré nos mouvements. Ensuite, à la veille de l'invasion, on nous avait munis d'une ultime surprise : un « criquet », petit objet métallique de bronze et d'acier. Quand on pressait la languette d'acier, l'objet émettait une sorte de claquement sec et quand on le relâchait, il refaisait le même bruit. Nous ne nous en étions jamais servi, nous n'en avions même jamais entendu parler, mais il allait devenir, au cours de cette fameuse nuit, le moyen essentiel de reconnaissance, pour distinguer dans l'obscurité un ami d'un ennemi.

Sam Gibbons,
I was there,
Mémorial de Caen.

Les parachutistes anglais prennent la batterie de Merville

Aux dernières heures du 5 juin 1944, le premier avion qui s'envola pour traverser la Manche emportait à son bord le maréchal de l'air Hollinghurst. C'était le début de l'offensive aérienne sur la Normandie, baptisée par la RAF du nom de code Tonga, qui constituait une des phases de l'opération de grande envergure Overlord rassemblant la plus formidable force d'invasion jamais réalisée. L'avion, un Albermale du 38e groupe, emportait également des officiers et des soldats de la 22e compagnie de parachutistes, les «éclaireurs». Leur mission consistait à mettre en place les feux, les fumigènes et les balises radio sur les zones de largage pour guider le gros des troupes qui seraient parachutées plus tard.

Le 9e bataillon du régiment de parachutistes devait être largué par les appareils de l'escadrille 512 sur la zone «V» choisie en fonction d'observations et de photographies aériennes. Vue du ciel, elle semblait convenir parfaitement et se situait à distance adéquate de la batterie d'artillerie de Merville. Au cours des conférences préparatoires, les pilotes de la 512e avaient été dûment avertis que le secteur entourant la zone «V» comportait de nombreux champs de mines et qu'il était essentiel, pour la sécurité des hommes, qu'ils ne débordent pas le périmètre repéré. Toutes les mines trouvées à l'intérieur de la zone seraient neutralisées par les «éclaireurs». [...]

Le lieutenant aviateur Anthony Gough écrivit : «Aujourd'hui est le jour le plus important et le plus excitant de toute l'histoire de la 512e.»

Tout à coup, on entendit des bruits d'explosions claquant sous l'appareil, comme si quelqu'un frappait sur la carlingue.

«Qu'est-ce que c'est?» demanda un soldat.

«La DCA, bien sûr» répondis-je comme si j'avais passé ma vie en avion alors que je volais pour la première fois. Ce n'était nullement la DCA d'ailleurs, mais le bruit causé par le largage de nos bombes.

«Elle va nous toucher, sir?» demanda-t-il. La question resta sans réponse car, à ce moment, le pilote effectua un virage et nous faillîmes tous tomber sur le plancher.

Arrivant au-dessus du «trou» du réseau de DCA, l'équipage de l'avion repéra l'embouchure des deux rivières, l'Orne à tribord et la Dive à bâbord. Il y avait un peu de DCA mais pas assez près de nous pour nous gêner ou nous faire éprouver le besoin d'esquiver.

Le n° 1 du stick se tenait devant la porte ouverte, les mains agrippées aux montants de chaque côté, le pied gauche devant, le menton levé et regardant de toute sa hauteur, comme le manuel le prescrit. S'il avait baissé les yeux, il aurait eu sans doute un merveilleux panorama. Le régulateur fixait du regard, tétanisé, l'ampoule de la lampe verte. Tout à coup, elle s'alluma et on pouvait voir son reflet dans la carlingue – Vert.

Le régulateur dansait d'un pied sur l'autre et gesticulait, ce qui confirmait l'impression simiesque qu'il m'avait donnée; le n° 1 sauta, le n° 2 le suivit.

«Allez! Allez! Allez!» hurlait-il et je hurlai avec lui. Et nous hurlions tous en nous ruant vers l'arrière, de plus en plus vite.

Tout à coup, il n'y eut plus personne entre la porte et moi. Le puissant courant d'air me frappa en pleine figure.

Le cadran lumineux de ma montre indiquait 0 h 55 et après le vacarme assourdissant de l'avion, tout était merveilleusement calme, bien plus que je ne l'avais imaginé. Par deux fois, la lune

La surprise du colonel von Luck, commandant de Panzer

La soirée du 5 juin était maussade. La Normandie se présentait sous son aspect le plus déplaisant ; toute la journée, il avait plu et un vent fort avait soufflé.

J'avais 32 ans, le grade de chef de bataillon et je devais être promu lieutenant-colonel fin juillet puis colonel deux mois plus tard, ce qui représentait à mes yeux une promotion particulièrement rapide.

Ce soir-là, je trouvais que notre sort était bien décevant : avec la plupart de mes hommes, j'étais habitué à une guerre de mouvement, comme celle que nous avions menée sur d'autres théâtres d'opération ; cette attente d'une invasion que nous savions imminente nous portait sur les nerfs.

Vers minuit, j'entendis le rugissement d'un moteur d'avion qui passait sur nos têtes. Je me demandais si l'attaque était dirigée, une nouvelle fois, contre notre trafic routier local ou contre notre pays. Les appareils semblaient voler très bas - était-ce à cause du temps ? Je regardai par la fenêtre et reçus un choc : on voyait des lueurs dans le ciel. Au même moment, mon adjoint m'appela au téléphone, « Mon commandant, des parachutistes sont largués. Des planeurs se posent dans notre secteur. J'essaie de prendre contact avec le 2e bataillon. J'arrive tout de suite. »

Sans hésitation, je donnai mes ordres, « Toutes les unités en état d'alerte maximale. A rendre compte à la division. Le 2e bataillon entrera en action partout où besoin sera. Faites des prisonniers, si possible, et amenez-les moi. »

Je me rendis alors au PC retrouver mon adjoint. La 5e compagnie du 2e bataillon, pourvue de munitions à blanc, n'était pas encore revenue de son

apparut à travers les nuages et un petit vent soufflait. Ai-je prêté attention à la fumée ou à la poussière ? Rien n'est moins sûr. De toutes façons, cela ne pouvait venir que du bombardement de la batterie.

J'aperçus deux corolles de parachutes au-dessous de moi. Parfait ! Je n'étais pas tout seul. Le sol se rapprochait (96, 97, ... 100, 101, 102 pour conjurer le sort. J'avais le compte !) attention ! on arrive. Tire un peu plus sur les suspentes de gauche. Je ne peux pas ! Il le faut ! C'est faible à gauche ! Essaye quand même ! Voilà, ça vient ! Bien arrivé. Hourrah ! C'est la France ! Je pressai le couvercle de la boîte fixée sur ma poitrine pour libérer les suspentes de mon parachute, fis un paquet de la voilure et l'abandonnai dans un coin (je ne l'avais jamais fait, jusqu'ici) en la couvrant de mottes d'herbe, d'herbe française – de l'herbe normande ! Voila, nous sommes arrivés, nous sommes là ! OK ! Je suis là... mais que je sois damné si je sais où !

Alan Jefferson,
Assault on the Guns of Merville,
John Murray, Londres, 1987,
traduit par Pierre M. Reyss

exercice de nuit – la situation était périlleuse. Les premiers rapports indiquaient que des parachutistes anglais avaient été largués sur Troarn. Le commandant du 2e bataillon avait déjà monté une contre-attaque avec des éléments hétéroclites et avait réussi à pénétrer dans Troarn dont la 5e compagnie s'était échappée par ses propres moyens.

Je téléphonai au commandant de la compagnie, qui s'était abrité dans une cave. « Brandenburg, tenez bon. Le bataillon va attaquer et vous rejoindra dans quelques instants. »

« OK, répondit-il, j'ai déjà un prisonnier, un officier-médecin de la 6e division aéroportée. »

« Envoyez-le moi dès que votre position sera nettoyée. »

Entre-temps, mon adjoint avait appelé l'état-major divisionnaire. Le général Feuchtiger et son chef d'état-major n'étaient pas encore revenus. Je fis au lieutenant Messmer, officier de permanence, un résumé de notre situation et lui demandai de nous transmettre l'autorisation de contre-attaquer pendant la nuit dès que le général serait de retour.

Sur l'instant, nous avions une idée un peu plus claire de la situation et nous la contenions. Les prisonniers, largués aux mauvais endroits et tombés entre nos mains pendant notre contre-attaque limitée, me furent amenés. Avant de les envoyer sous escorte à l'état-major, selon nos instructions, nous apprîmes, au cours de notre « petite discussion » que la 6e division aéroportée avait reçu ordre de sauter pour s'emparer des ponts intacts sur l'Orne à Ranville et de former une tête de pont sur la rivière en prévision du débarquement prévu pour le 6 juin à l'aube.

Peu à peu, la colère nous gagna.

L'autorisation d'attaquer immédiatement, prenant ainsi l'avantage alors que l'ennemi n'avait pas rétabli ses positions dans la confusion initiale, n'arrivait toujours pas, bien que nos rapports à la division fussent certainement déjà parvenus au groupe d'armées B de Rommel. Nous supputions nos chances de succès dans l'hypothèse où, poussant vers la côte, nous aurions pu empêcher l'établissement d'une tête de pont, ou du moins de la rendre plus difficile.

Les heures passaient. Nous avions établi une ligne de défense puisque nous étions condamnés à l'immobilité. Le reste de la division, avec le régiment de Panzer et le 192e régiment de Panzer Grenadier, était également immobilisé en état d'alerte maximale. Le groupe d'armées B nous indiqua qu'il s'agissait d'une manœuvre de diversion et que les Anglais avaient parachuté des épouvantails pour nous tromper.

A l'aube, j'envoyai mon adjoint au PC de la division pour obtenir l'ordre d'attaquer. A son arrivée, Libeskind fut témoin d'une violente discussion au téléphone entre Feuchtiger et l'état-major : « Mon général, j'arrive tout juste de Paris et j'ai aperçu une immense armada au large de Cabourg, des navires de guerre, des navires de soutien et des engins de débarquement. Je voudrais passer immédiatement à l'attaque avec toute la division à l'est de l'Orne et pousser jusqu'à la côte. » Mais on lui refusa cette autorisation.

Hitler, qui avait l'habitude de travailler tard dans la nuit, dormait. A mon PC, je marchais de long en large, serrant les poings devant l'indécision du commandement suprême face à une situation pourtant bien claire. Si Rommel avait été présent, il aurait outrepassé les ordres reçus et engagé l'action – du moins en étions-nous convaincus.

Je dissimulais ma colère et tentais de garder mon calme et mon sang-froid. L'expérience, sur d'autres théâtres d'opération, m'avait appris que plus la situation paraît critique, plus les rapports sont alarmants, plus le chef doit rester impassible et réagir avec pondération.

Ainsi le drame se mit en place. Au bout de quelques heures, nos braves soldats qui occupaient les fortifications côtières ne purent plus contenir la pression ennemie ou furent broyés sous les bombardements navals des Alliés. Aux petites heures de la matinée, du haut des collines à l'est de Caen, nous avions pu voir l'immense armada d'invasion, les prés jonchés de planeurs de transport et les innombrables ballons d'observation au-dessus de la flotte grâce auxquels l'artillerie de marine ajustait ses tirs avec précision.

La situation nous contraignit à regrouper nos forces. De puissantes unités furent rassemblées de part et d'autre de l'Orne. Nous attendions toujours l'ordre de contre-attaquer. Devant une telle supériorité de l'ennemi, je pensais, en examinant la flotte de débarquement, qu'il n'y avait plus guère de chances de pouvoir rejeter les Alliés à la mer. Même l'arrivée des renforts devenait difficile. Le «second front» était ouvert. Si l'invasion réussissait, pensais-je, ce serait le commencement de la fin.

Colonel Hans von Luck,
Panzer Commander,
Praeger Publishing, New York, 1984
traduit par Pierre M. Reyss

Ils arrivent

Il est quatre heures et un quart.

«Navire en vue!» Fendant l'eau de son étrave, un destroyer américain paraît foncer droit sur la côte.

L'adjudant Heim surgit en courant :
– Mon lieutenant, est-ce que je peux tirer dessus avec le canon de campagne de 16? crie-t-il à Jahnke qui acquiesce.

Une sèche détonation.

Trop court.

Bang!

Encore trop court.

Mais le destroyer a viré de bord. Il présente maintenant le flanc, et de ce flanc une triple bordée a jailli. La première salve est trop longue et se perd dans la dune. La seconde tombe à l'eau. Mais la troisième est au but. Le canon de 16 vole en éclats, tous ses servants sont tués.

Il ne reste plus que la pièce de Flak de 8,8 légèrement touchée, autour de laquelle le personnel s'affaire fébrilement. Cependant, comme s'il voulait tout embrasser d'un coup d'œil,

un avion d'observation d'artillerie est venu survoler le point d'appui à la véritable. Il a fait demi-tour et a disparu.

Mais ce qu'il amorçait par son repérage c'était le bombardement des pièces lourdes de marine, et cette fois la vraie danse commence. L'un après l'autre, avec une régularité d'horloge, les lourds projectiles d'acier viennent atterrir dans le point d'appui. C'est un enfer indescriptible ; les tranchées sont nivelées, le réseau anéanti, les bunkers basculent dans le sable mou de la dune, le central téléphonique s'effondre, le poste de lance-flammes est volatilisé.

Sous cet ouragan de feu, les nerfs de certains hommes ne peuvent plus tenir.

On les voit se boucher les oreilles. Hurler de frayeur. Pleurer. Jurer.

D'autres gisent prostrés, inertes sur le sable.

On ne peut plus relever les guetteurs.

Et soudain une voix retentit :
« Les bateaux ! »

Le cri a fait l'effet d'une décharge électrique et galvanisé cette poignée d'hommes. Les bateaux ! L'œil rivé à la binoculaire, Jahnke scrute l'horizon marin ; et ce qu'il voit le stupéfie. Eh bien ! oui, elle arrive, la flotte de débarquement. Grands et petits bateaux, de toutes tailles, de tous formats, avec tous ces ballons captifs fixés à leurs superstructures ; le doute n'est plus possible, ce sont bien eux qui arrivent, malgré le mauvais temps, malgré la marée basse. Et les hérissons tchèques, et les chevalets à dents de scie, et les pilotes et les pieux avec leurs charges tout armées, tous les ingénieux pièges sous-marins qu'on avait inventés, tout ça est à sec sur huit cents mètres de plage.

Paul Carell,
Ils arrivent (*Sie kommen*),
Robert Laffont, Paris, 1961

Omaha Beach

A bord du LST 506.

Afin que tous les engins ne touchent pas terre en même temps, on nous fit faire un détour en contournant Jersey et Guernesey si bien que nous n'arrivâmes en vue d'Omaha Beach que vers 14 h.

Notre bateau jeta l'ancre à quelque distance de la plage car la tête de pont n'était pas encore complètement déminée et qu'il fallait tailler au bulldozer les voies de dégagement pour que les matériels débarqués libèrent la place, sur le rivage.

Notre pacha voulut envoyer un de ses six engins à terre donner un coup de main et il désigna le nôtre dont l'équipage comptait un officier, l'enseigne de vaisseau Robert Carter, et quatre hommes. Pendant que les bossoirs nous affalaient à l'eau, le capitaine nous ordonna de débarquer là où pleuvaient

les obus, de trouver le «commandant de plage» et de revenir prendre ses ordres.

La plage était jonchée de toutes sortes d'équipements. On voyait partout des fûts d'huile, des camions endommagés, des chars, des embarcations, des gilets de sauvetage et des cadavres, certains entiers, d'autres pas. J'aperçus une tête d'homme écrasée, ailleurs un corps gisait sans vie, ses intestins étalés sur le sable.

Avant le débarquement, on nous avait précisé que les gaz de combat étaient proscrits par les lois de la guerre mais que si les Allemands décidaient d'en employer, ce serait certainement à ce moment. Alors, en approchant de la plage, j'avais revêtu ma tenue imperméable et je m'étais entièrement aspergé, y compris mes bottes, d'un liquide destiné à neutraliser le gaz. Nous portions également un masque.

Finalement, nous trouvâmes un espace de sable dégagé et nous fîmes avancer notre engin en abaissant la rampe.

A une vingtaine de mètres devant nous s'élevait une hauteur abrupte, couverte de hautes herbes et d'ajoncs. Un soldat muni d'un détecteur y fut expédié et constata qu'elle n'était pas minée. Il déroulait derrière lui un ruban blanc pour montrer le chemin. Si quelqu'un devait grimper sur cette butte, il ne lui faudrait jamais s'écarter de ce «corridor» large de 1,50 m.

Une confusion totale régnait sur la plage et nul ne put nous dire où se trouvait le «commandant de plage». Un médecin nous demanda si nous pouvions évacuer ses blessés vers un navire-hôpital à l'ancre au large. Comme nous avions à notre bord une petite salle d'opération et neuf médecins, nous embarquâmes une vingtaine de blessés et tentâmes de déhaler.

Extrait d'une lettre de Joseph P. Doyon, Mémorial de Caen, traduit par Pierre M. Reyss

En route pour la victoire.

Le destroyer tirait en plein sur le fortin de béton qui avait fait feu sur nous la première fois que nous étions entrés dans la baie et, au moment où les coups partaient on entendait la détonation et on voyait les débris de terre voler presque en même temps que le fracas des douilles d'obus vides tombant sur le pont d'acier. Les canons de cinq pouces du destroyer écrasaient la maison démolie au bord de la petite vallée d'où l'autre mitrailleuse avait tiré.

«Avançons maintenant que la boîte de sardines s'est éloignée et voyons si nous pouvons trouver un bon endroit, dit Andy.

– Cette boîte de sardines a nettoyé ce qui arrêtait les gars, là-bas, et on voit de l'infanterie en train de monter dans ce ravin, maintenant, dis-je à Andy. Tenez, prenez les jumelles.»

Lentement, laborieusement, comme s'ils étaient autant d'Atlas portant le monde sur leurs épaules, des hommes remontaient la vallée à notre droite ; ils ne tiraient pas. Ils progressaient lentement dans la vallée comme une caravane fourbue à la fin d'une longue journée de marche qui l'a encore éloignée de son pays.

«L'infanterie vient d'avancer jusqu'au sommet de la crête, au bout de cette vallée ! criai-je au lieutenant.

– Ils n'ont pas encore besoin de nous, dit-il. On m'a dit nettement qu'on ne voulait pas encore de nous.

– Donnez-moi les jumelles ou bien regardez, vous, Hemingway», dit Andy. Il les prit, puis me les rendit. «Là-bas, il y a quelqu'un qui fait des signaux avec un drapeau jaune, et il y a un bateau en péril, on dirait. Patron, gouverne droit sur la côte.»

Nous nous approchâmes de la plage à

toute vitesse et Ed Banker, jetant un regard alentour, dit : « Mr. Anderson, les autres bateaux viennent aussi.

– Empêche-les de nous suivre, dit Andy. Empêche-les. »

Banker se retourna et fit signe aux bateaux de s'éloigner. Il eut du mal à se faire comprendre mais, finalement, les larges sillages qu'ils traçaient diminuèrent et ils se laissèrent distancer.

« Les as-tu fait rester en arrière ? » demanda Andy, sans quitter des yeux la baie où nous voyions un transport de ravitaillement sur le point de sombrer parmi les mines, déjà à demi submergé.

« Oui, mon lieutenant », dit Ed Banker.

Un transport d'infanterie venait droit sur nous, s'éloignant de la plage après avoir tourné en rond pour débarquer. Au passage, un homme nous cria dans son mégaphone : « Ils sont touchés, là-bas, et leur bateau va sombrer.

– Peut-on s'approcher d'eux ? »

Les seules paroles que nous entendîmes nettement, car le vent emportait les voix, furent : « nid de mitrailleuses ».

« Ont-ils dit qu'il y avait ou qu'il n'y avait pas de nid de mitrailleuses ? » dit Andy.

Je n'ai pas entendu.

« Rapproche-toi de leur bateau, patron, dit-il, mets-toi tout près, bord à bord.

– Avez-vous dit qu'il y avait un nid de mitrailleuses ? » cria Andy.

Un officier se pencha par-dessus bord, tenant le mégaphone :

« Un nid de mitrailleuses a tiré sur eux, ils sont en train de couler.

– Gouverne droit vers la côte, patron », dit Andy.

Il était difficile de trouver un chemin parmi les piquets que l'on avait immergés pour faire obstacle, car des mines de contact y étaient attachées : elles ressemblaient à de grandes assiettes à gâteaux fixées deux par deux, face à face. On eût dit qu'elles avaient été clouées aux piquets, puis réunies. Elles étaient du vilain gris terne et jaunâtre que prennent presque toutes les choses de la guerre.

Nous ne savions pas quels autres piquets porteurs de mines il pouvait y avoir au-dessous de nous, mais nous écartâmes à la main ceux que nous pûmes voir et nous approchâmes du bateau en train de couler.

Il ne fut pas facile de hisser à bord un des hommes qui avait été blessé au ventre, car nous n'avions pas assez de place pour abaisser l'échelle de coupée, coincés comme nous l'étions parmi les piquets et ballottés par la mer furieuse.

Je ne sais pas pourquoi les Allemands n'ouvrirent pas le feu sur nous ; peut-être que le destroyer avait complètement anéanti le fortin. Peut-être aussi s'attendaient-ils à nous voir sauter sur les mines. Il est certain que les Allemands avaient eu beaucoup de peine à placer les mines et ils auraient sûrement souhaité les voir fonctionner. Nous étions à la portée du canon antichar qui nous avait déjà tiré dessus et tout le temps, pendant que nous manœuvrions et nous démenions parmi les piquets, j'attendais le moment où il ouvrirait le feu.

Quand nous abaissâmes l'échelle de coupée pour la première fois, alors que nous étions serrés contre le transport en détresse, avant qu'il sombrât, je vis trois tanks le long de la plage qui semblaient à peine bouger tant leur progression était lente. Les Allemands les laissèrent traverser l'espace découvert où la vallée s'ouvrait sur la plage ; le terrain, absolument plat, offrait un parfait champ de tir. Puis je vis un petit jet d'eau jaillir, juste au-delà du premier tank. Puis une fumée monta au-dessus de ce tank, du côté qui était caché, et je vis deux

hommes sortir de la tourelle, plonger et se recevoir sur les mains et les genoux, sur les galets. Ils étaient si près que je pouvais voir leurs visages ; aucun autre soldat ne sortit du tank qui s'enflamma et se mit à brûler rapidement.

A ce moment-là, nous avions pris à notre bord le blessé et les survivants, remonté l'échelle de coupée et nous cherchions à tâtons notre chemin parmi les piquets. Quand nous fûmes débarrassés de tous les piquets et que Currier fit donner au moteur toute sa puissance, un autre tank commençait à brûler.

Nous amenâmes le blessé au destroyer. On le hissa à bord dans une sorte de panier métallique et les survivants furent aussi recueillis. Pendant ce temps, les destroyers s'étaient avancés presque jusqu'à la côte et leurs canons de cinq pouces étaient en train de raser tous les fortins. Je vis un morceau du corps d'un Allemand, long de trois pieds, auquel tenait un bras, voler dans les airs en même temps que la gerbe soulevée par l'éclatement d'un obus. Cela me rappela une scène de *Petrouchka*.

L'infanterie avait maintenant remonté la vallée à notre gauche et avait franchi la crête qui s'y trouve. Il n'y avait plus de raison d'attendre plus longtemps. Nous accostâmes à un endroit favorable que nous avions repéré et nous débarquâmes les soldats, leur TNT et leurs bazookas, et leur lieutenant, et ce fut terminé.

Les Allemands tiraient encore avec leurs canons antichars, les déplaçant d'un côté à l'autre de la vallée, retardant leur action jusqu'au moment où ils pourraient atteindre l'objectif choisi. Leurs mortiers entretenaient encore un feu plongeant sur les plages. Ils avaient laissé derrière eux des isolés qui tiraient sur les plages. Quand finalement nous partîmes, il était évident que toute cette fusillade allait durer au moins jusqu'à la nuit.

Les camions amphibies lourdement chargés qui avaient jusque-là peiné parmi les vagues s'avançaient maintenant vers la plage à une allure régulière. Le fameux nettoyage des voies d'accès à travers les mines était toujours un mythe et maintenant, à marée haute, il n'était pas facile d'éviter les piquets submergés.

En fin de compte, il manquait six embarcations sur les vingt-quatre transports de ravitaillement qui partirent du Dix, mais beaucoup des équipages avaient peut-être été recueillis par d'autres bateaux. Nous avions mené une attaque de front, au grand jour, contre une baie minée et défendue par tous les obstacles que pouvait concevoir l'ingéniosité militaire. La plage avait été défendue aussi tenacement et aussi intelligemment que possible. Mais chaque bateau du Dix avait débarqué ses soldats et sa cargaison. Aucun bateau ne fut perdu à la suite d'erreurs tactiques. Tout ce qui fut perdu le fut du fait de l'ennemi. Et nous avions pris la plage.

Ernest Hemingway,
En route pour la victoire,
in *Œuvres romanesques*, tome II,
Gallimard, La Pléiade, Paris, 1969

Juno Beach

Un aumônier canadien.

Le souffle coupé, nous restions là à regarder et c'est alors que se leva l'aube écarlate. Le soleil n'apparaissait pas; les nuages volaient bas et lourds; les vagues brisaient, froides et peu engageantes, et sur le rivage, nos obus et nos bombes commençaient de tirer un rideau cramoisi.

Nous nous alignâmes sur le pont, ainsi que nous l'avions maintes fois répété lors des exercices. Je tirai un ciboire de ma poche et reçus la communion; puis, alors que les obus tonnaient et sifflaient et que nos avions rugissaient au-dessus de nous, je donnai à mes hommes une absolution générale. Il était 7 heures.

Pas un instant à perdre, les bateaux nous ayant mis à terre devaient repartir aussitôt; plusieurs furent atteints et coulèrent; l'eau était couverte de débris divers. Joel Murray, de Cross Point, et moi débarquâmes ensemble; nous avions pied et nous pûmes rejoindre la terre ferme. Un garçon près de moi, tomba frappé d'une balle. Je le tirai au sec et, au milieu du chaos épouvantable, je m'agenouillai près de lui, pendant une seconde qui me parut durer une éternité, et lui administrai les derniers sacrements. C'était le premier de tous ceux à qui je devrais donner l'extrême-onction dans la bataille. Devant nous s'étendait un espace découvert d'une cinquantaine de mètres avant de pouvoir gagner la protection d'un mur de béton. Si l'on atteignait le mur, on était à l'abri du feu ennemi, du moins pour un temps. Mais, hélas, combien de nos gars n'ont pu y parvenir. Ils gisaient sur le sable, tués ou blessés. Notre devoir était d'aller auprès d'eux. Aidés de nos brancardiers et des infirmiers, le docteur Patterson et moi retraversâmes en rampant ces cinquante mètres d'enfer.

Le vacarme était assourdissant et nous ne pouvions même pas entendre le bruit de nos chars qui avaient commencé de débarquer et taillaient leur route sur le sable. D'ailleurs, certains ne les ayant pas entendu venir, furent écrasés sous leurs chenilles. Une formidable explosion secoua le sol, comme un tremblement de terre; le génie venait de faire sauter le mur. Dans le même temps, les obus ennemis tombaient de plus en plus dru; pendant que nous rampions, nous pouvions entendre les balles et les éclats faisaient gicler le sable tout autour de nous. Quand un obus arrivait en hurlant, on tentait de s'enfouir dans la

terre, retenant notre respiration, attendant l'explosion et la pluie de pierres et de débris qui suivait. Puis, quand venait une seconde de calme, quelqu'un à qui l'on venait de parler quelques instants plus tôt, gisait mort. D'autres, à l'agonie, ouvraient les yeux en nous voyant approcher. Sur leur plaque-matricule attachée au cou, je pouvais lire leur religion. S'il s'agissait d'un catholique, je lui donnai l'extrême-onction en lui ondoyant le front. Mais s'il était d'une autre religion, je le préparai au grand départ en lui demandant de se repentir de ses péchés. J'en fus souvent remercié d'un regard et d'un signe de tête. Il n'était pas facile de déposer les blessés sur une civière et de les amener à l'abri du mur. Jamais je n'oublierai la bravoure de nos brancardiers. Si certains soldats sont encore en vie, aujourd'hui, ils le doivent à des hommes comme le lieutenant Heaslip de Vancouver et à ses brancardiers. Je me rappellerai toujours le courage des infirmiers de notre régiment, Eymard Hache, Buddy Daley et Bob Adair. Ils sont demeurés avec nous, sur la plage exposée au feu, jusqu'à ce que nous ayons transporté tous les blessés en sécurité au pied du mur et leur ayons donné les premiers soins dont nous disposions.

    Comme un patient transporté dans un hôpital, on perd, dans l'action, toute idée du temps. Le temps ne signifie plus rien. On nous a dit, par la suite, que nous étions sur la plage depuis deux heures. Pour le moment, ce qui restait de notre régiment nettoyait le village, débusquant les Allemands de leurs retranchements. C'était une bataille enragée, à bout portant, au corps à corps.

Révérend R. Myles Hickey,
The Scarlet Dawn,
Editions Unipress, Canada, 1980,
traduit par Pierre M. Reyss

Sword Beach

Le docteur Patterson était un des médecins du 4e commando de lord Lovat

Beaucoup de corps gisaient dans l'eau, l'un d'entre eux s'était littéralement enroulé autour d'un obstacle tripode. Je vis des blessés, parmi les morts, cloués au sol par le poids de leur équipement.

    Le premier auprès de qui je m'empressai fut le petit sapeur Mullen. Il avait de l'eau jusqu'au menton et ne pouvait pas bouger. Je réussis à grand peine à sortir une paire de ciseaux et, de mes mains engourdies qui me semblaient faibles et inutiles, j'entrepris de couper les courroies de son harnachement. Hindmarch surgit près de moi et fit de même de l'autre côté. Il avait l'air perdu mais il se reprit quand je lui eus parlé et dit que faire. Alors que je me penchais, je sentis un choc à la fesse, comme si quelqu'un m'avait donné un coup avec un gros bâton. C'était un éclat d'obus, comme on s'en aperçut plus tard, mais il n'avait rien touché d'important. Je jurai et continuai. Nous finîmes par tirer Mullen au sec.

    Le commando était au contact et, manifestement, il avait de la peine à s'en sortir. Hindmarch et moi revînmes vers les blessés restés dans l'eau. Je remarquai avec quelle vitesse la marée montait et les blessés commençaient de crier et de hurler en se rendant compte qu'ils risquaient d'être vite noyés. Nous travaillâmes d'arrache-pied ; je ne sais combien d'hommes nous avons pu tirer sur le sable sec, mais j'ai bien peur que ce ne soit pas plus de deux ou trois.

Docteur J. H. Patterson,
*Chronique médicale du premier jour,
commando n° 4*,
in lord Lovat, *March Past*,
Weidenfeld and Nicolson, Londres, 1979,
traduit par Pierre M. Reyss

La bataille de Normandie

A l'euphorie du débarquement, ont succédé les jours difficiles de la bataille. L'avance des Alliés est ralentie par le bocage, le mauvais temps et la résistance acharnée des troupes allemandes. Les combats sont meurtriers. Pourtant, peu à peu, l'ennemi s'essouffle; enfin, vers la mi-août, la victoire se dessine à l'horizon.

Un chirurgien de la 90e division d'infanterie se souvient

Aujourd'hui, dans ma mémoire, ces premiers jours démentiels, dans le feu des combats, restent comme un cauchemar désespérément confus. Tout ce que j'ai connu me paraît irréel, les jours succédant aux nuits et les nuits aux jours, sans plus rien signifier. Le temps semblait s'être arrêté, une semaine durait un mois, et seule demeure dans mes souvenirs la vision de flots de sang intarissables, de mourants, de garçons horriblement mutilés que les brancardiers nous amenaient. En l'espace de quelques jours, nous sommes devenus des vétérans aguerris. Certains hommes se conduisaient en héros, d'autres se laissaient couler ou montraient une âme de lâche. Les faits d'armes étaient monnaie courante et pourtant le plus grand nombre est resté ignoré du reste du monde.

Les événements qui se sont déroulés sont brumeux dans mon esprit et je ne peux me les rappeler avec précision. Par contre, je garde des souvenirs clairs et douloureux d'avoir surveillé l'arrivée à mon infirmerie de tant de mes

camarades. Il était horrible de voir ces jeunes officiers d'infanterie, que j'avais connus fringants et avec lesquels je m'étais lié d'amitié, venir à moi avec leurs terribles blessures. Je me souviens du capitaine Wheeler Coy, du bataillon S-3, claudiquant avec un large trou dans la cheville causé par une balle allemande, désespéré d'avoir été mis si rapidement hors de combat, et qui avait l'air si épuisé et abattu. Je me souviens aussi du major Jastre, officier de détail du 2e bataillon, cherchant vainement à respirer, asphyxié par une énorme blessure suintante dans la poitrine, alors que je me débattais, malheureusement en vain, pour le sauver. Il avait réussi à rallier ses hommes et avait pris leur tête pour conduire une vigoureuse contre-attaque lorsqu'il fut criblé d'éclats par l'explosion d'un obus de mortier.

Je me souviens encore du lieutenant Schiller, arrivé titubant au poste médical, soutenant tant bien que mal son épaule fracassée. Et du lieutenant Bowman, gisant dans une mare de sang, après que sa Jeep eut été foudroyée par un projectile de 88. Je pensais, en le voyant, qu'il était déjà mort mais, Dieu merci, il avait repris vie quand il fut évacué vers l'arrière. Je revois le capitaine Buck Shaw que deux brancardiers déposèrent à l'infirmerie après qu'il eut passé la nuit, grièvement blessé, dans le no man's land entre les lignes. Un de mes infirmiers, Tschabun, l'avait découvert à la tombée du jour et avait passé toute la nuit auprès de lui jusqu'à ce que la lumière de l'aube lui permette de ramener à bon port l'officier blessé.

Je repense aussi à ce soldat terrifié qui avait vu avec horreur un énorme tank passer sur ses jambes, alors qu'il était étendu à terre, blessé, incapable de se mouvoir. Et ce garçon dont la mâchoire avait été littéralement arrachée par une

balle de gros calibre. Je revois encore ce tout jeune soldat qui nous fut apporté, couvert de boue et d'herbe après être resté plusieurs jours au fond d'un fossé sans que personne le remarque.

Et je me souviens de tant d'autres ! Nos pertes étaient trop lourdes pour que nous puissions évacuer nos blessés par nos propres moyens, si bien que bon nombre furent transportés sur des civières posées à l'arrière des Jeep des fantassins ou emportés à dos d'homme par des camarades ou des brancardiers de fortune. Les preuves muettes du nombre colossal de blessés passés par notre infirmerie étaient constituées par les amoncellements d'armes déposées sur notre seuil. Avant que les blessés soient admis à l'intérieur, leurs armes étaient laissées le long des murs et, au bout de peu de temps, on pouvait voir de véritables piles de fusils Garand, de mitraillettes, de baïonnettes, de poignards, de fusils-mitrailleurs, de pistolets, de casques, de havresacs, de couvertures, etc. Ces objets ne

représentaient que les blessés légers car ceux qu'on amenait sur des civières avaient déjà été délestés de leur équipement; les armes étaient laissées là où les hommes étaient tombés et, plus tard, l'intendance venait les récupérer, avant que les tas aient atteint des proportions alarmantes. En outre, bien sûr, tout autour de notre poste comme à l'intérieur, étaient répandus d'innombrables flacons de plasma, des bandages sanguinolents, des chaussures découpées, des casques enfoncés, des seringues de morphine, des civières tachées, des couvertures, des attelles, et bien d'autres.

Aux yeux d'un profane, il peut paraître surprenant que notre division ait compté autant de pertes, mais cela n'est pas vraiment surprenant quand on sait que nous étions des «bleus», sans expérience réelle du combat, et que nous avons commis beaucoup d'erreurs. Le nombre de soldats à l'entraînement en manœuvres importe peu, ce qui compte est de les mettre rapidement en état de constituer une force efficace, apte au combat. Nous avons vite appris et, en peu de temps, la 90e division fut prête à fonctionner comme une machine bien huilée. Mais, pendant les premiers jours, ce ne fut que chaos, confusion et erreurs, du haut en bas de la hiérarchie.

C'est toujours pareil quand une troupe affronte le feu pour la première fois. De plus, nous étions en face de soldats allemands parfaitement aguerris, admirablement retranchés dans ce maudit secteur coupé de haies dont chacune constituait une ligne de défense idéale. Ç'aurait été déjà une rude tâche pour des vétérans, mais la mission de s'emparer de ce terrain fut confiée à des novices dans l'art de la guerre. Alors beaucoup d'hommes commirent beaucoup d'erreurs et beaucoup y trouvèrent la mort. Mais ceux qui survécurent avaient vite et bien appris la leçon.

William M. McConahey,
Battalion Surgeon,
Publication privée, Rochester,
Minnesota, 1966

Dans le 18e peloton de la 4e division d'infanterie légère du Somerset

La Normandie est un terrain rêvé pour mener une guerre défensive, mais nullement pour les chars d'assaut. Nos pauvres blindés ont encaissé de lourdes pertes dues notamment aux *Panzerfaust* (bazooka allemand) qui les ajustaient parfois à moins de 30 mètres. Nous apprîmes rapidement à ne jamais laisser nos «blindés domestiques» s'aventurer sans protection rapprochée d'infanterie. Rétrospectivement, la Normandie reste pour moi un cauchemar surréaliste, manquant totalement de ces souvenirs précis que je garde des batailles ultérieures. Je ne revois que la chaleur et la poussière, la puanteur du bétail pourrissant au soleil, les épaves de chars calcinés, les fusils rouillés et le véritable tapis de grenades et de munitions abandonnées, éparpillées sur le sol.

Nous combattions, progressant d'une haie à l'autre, dans des chemins creux, tortueux, envahis de végétation, excellents pour les Allemands en position défensive mais mortels pour les attaquants. Et pourtant, seule l'infanterie pouvait avancer et se rendre maîtresse du bocage normand.

C'est là que je fis mon apprentissage de la guerre et que la section se forgea une identité propre qui, malgré les trous creusés dans ses rangs pendant les dix mois à venir, allait perdurer jusqu'à la victoire. C'est aussi là que, de façon imperceptible, je pris en quelque sorte possession du 18e peloton. C'était la mienne, je veillais sur elle avec une jalousie presque maternelle et je souffrais dans ma chair des critiques formulées contre mes hommes.

Plus important encore, c'est dans la jungle du bocage que je commençai de comprendre l'importance capitale de la «maîtrise», maîtrise de soi, maîtrise de ses hommes, maîtrise de la situation.

A la différence de ce qui se passe dans les films ou les romans, les hommes au combat réagissent avec leurs nerfs.

La discipline, l'honneur du corps dans lequel on sert sont des atouts sérieux mais, dans les moments où le danger rôde, la maîtrise du chef est la clef de la victoire. Particulièrement dans l'infanterie, les chefs de sections et de pelotons doivent tenir en main le courage et la volonté de leurs hommes. La force de caractère ne suffit pas. Bien se conduire au feu, à tous égards, exige selon moi deux conditions. D'abord, les hommes doivent avoir une confiance sans défaut en leur chef et en ses qualités guerrières. D'autre part, ils doivent avoir confiance en eux-mêmes, en tant que soldats. C'est d'autant plus aisé si, en outre, leur chef a la réputation d'avoir de la chance. Le maréchal Montgomery disait souvent qu'il faut «faire danser l'ennemi à notre rythme». Et ceci n'est jamais aussi important qu'au sein d'une section au combat. C'est même un facteur décisif car si vous ne pouvez dominer la situation, soyez assuré que l'ennemi le pourra.

Un commandement sans excès ni défaillance triomphera de tous les obstacles, même de ceux qui paraissent insurmontables. Son impact, sur le chef comme sur ses subordonnés, sera profond et durable. Même après quarante ans, l'évocation des meilleurs officiers et sous-officiers du bataillon fait s'éclaircir d'un sourire le visage des survivants de ma section. Par contre, leur rancœur contre ceux qui ont failli à leur devoir quand il le fallait demeure extraordinairement vivace.

Sydney Jary,
18 Platoon,
Sydney Jary Ltd, Surrey, 1987

L'attaque de L'Epine

Au cœur de la bataille, Bollinger et ses camarades du commando.

Le soleil chauffe. L'âcre odeur des animaux morts nous prend à la gorge. Les mouches les habillent encore, à l'inverse des moustiques, qui préfèrent nos estimables personnes.

Nous avançons toujours. Tard dans la soirée, nous parvenons à rétablir le contact avec l'ennemi.

La tombée de la nuit n'est pour nous que le signal d'une autre progression. Il s'agit de passer entre les lignes nouvellement établies des Allemands pour prendre position en revers afin d'appuyer l'action des troupes régulières, au petit matin.

C'est l'attaque du lieu-dit l'Epine. Après plusieurs mois d'une guerre classique, nous retrouvons enfin la lutte particulière pour laquelle nous avons été entraînés.

A la queue leu leu, ceux qui restent de la 1re SSB, soit environ huit cents hommes (sur quatre mille cinq cents au 6 juin), rampant silencieusement, passent de nuit à travers les lignes ennemies sans

qu'un seul coup de feu soit tiré, sans que les sentinelles adverses ne s'en aperçoivent : c'est en tous points une opération magnifiquement réussie. Qu'un seul d'entre nous trébuchait, éternuait ou laissait échapper une parole, et c'eût été l'accrochage vite généralisé, susceptible de priver l'attaque ultérieure de son effet de surprise.

Mais le miracle se produit. A l'aube du 20 août, nous sommes en position de combat derrière les lignes allemandes.

Gwenn-aël Bolloré, dit Bollinger,
Commando de la France libre,
Editions du Cherche-Midi, Paris, 1983.

L'opération Bluecoat : la déroute des Allemands

Le colonel von Luck était le commandant du 125e régiment de Panzergrenadiere dans la 21e division de Panzer

Bien que la RAF ait poursuivi son pilonnage incessant et que la division des gardes, par des reconnaissances en force, ait tenté de se frayer un passage vers l'est, les jours suivants nous parurent presque des vacances. Les violentes précipitations avaient fait déborder la Dive qui était devenue totalement

infranchissable. Pour moi, l'important était de reconstituer mon 1er bataillon décimé par le bombardement du 18 juillet.

Je puisai dans les réserves de la division et, venant rejoindre mes vétérans, je récupérai des remplaçants bien entraînés, des engins blindés de transport de personnel tout neufs et mon nouveau bataillon devint opérationnel en quelques jours. Nous fûmes émerveillés de voir comment les services logistiques purent nous fournir, sur la ligne de front, en temps et quantité voulus, les hommes, les munitions et les véhicules indispensables.

Après une courte semaine en position défensive «reposante», notre division fut retirée des premières lignes pour se refaire à fond. Nous espérions profiter de quelques jours de paix pour panser nos plaies.

Mais les signes annonciateurs d'une nouvelle offensive anglaise, baptisée Bluecoat, se manifestèrent et mirent un terme à notre répit. Au bout de deux jours à peine, la division fut transférée dans le secteur de Villers-Bocage en lisière de l'importante route 175 au sud de Bayeux. En compagnie du 21e bataillon Panzer de reconnaissance, nous parvînmes à tenir les lignes.

Les hommes étaient harassés, nos pertes très lourdes. Nous luttions depuis huit semaines, sans interruption, plus longtemps que toute autre unité. Néanmoins, le moral demeurait au plus haut. Les hommes se battaient jusqu'à la dernière extrémité. Puis, le 25 juillet, après un bombardement aérien qui dura quatre heures, les Américains réussirent à percer le front tenu par la 21e division Panzer Lehr. Nous fumes contraints de reculer sur une ligne s'étirant d'Avranches–Saint-Lô au sud de Caen.

Puis, le 31 juillet, nous apprîmes que le général George S. Patton, sans doute le plus remarquable officier de blindés allié, avait fait irruption devant Avranches, près du mont Saint-Michel. Cette percée ouvrait la voie de l'offensive vers le centre de la France, vers Paris et même vers le Reich. Hitler réagit sur-le-champ : il jeta dans la bataille d'Avranches le général Eberbach à la tête d'un groupe blindé constitué à la hâte afin de couper les lignes de communication de Patton.

Une fois encore, les services de renseignements, à Blechley Park, qui savaient décoder nos messages secrets, et l'aviation américaine firent échouer notre contre-offensive. Pire encore, nos divisions engagées dans l'Ouest étaient maintenant menacées d'encerclement et Patton était manifestement à même de poursuivre sa course vers l'est sans rencontrer d'obstacles.

Alors, tout bascula très vite. Il nous fallut opérer un nouveau repli car nos divisions épuisées, décimées, n'auraient pas supporté le poids d'un nouvel assaut.

Colonel Hans von Luck,
Panzer Commander,
Praeger Publishing, New York, 1984
traduit par Pierre M. Reyss

Les Normands sous les bombes

Pour les Français, le débarquement a un tout autre visage. C'est d'abord l'enfer des bombardements alliés. Certaines villes, comme Caen, sont ravagées, ruinées, rasées, mais la population, affamée, exsangue, s'organise et fait preuve d'héroïsme. A la peur, succèdent l'excitation et la joie de la libération.

Les Américains !

Jeudi 3 août.

De bonne heure, M. Yver, Auguste, Emile, Roger et moi, nous nous mettons en route à pied, pour gagner Saint-Aubin-du-Cormier où nous allons remettre les deux soldats [allemands] à la gendarmerie. Il pleut à verse, mais cela ne porte pas atteinte à notre moral.

A Saint-Aubin – où nous arrivons trempés – les gendarmes nous dirigent vers une école où se trouvent déjà une cinquantaine de prisonniers. Les nôtres seraient tout prêts à se livrer à des effusions de reconnaissance, mais nous gardons nos distances.

Alors que nous sortons d'un café, sur la place, une étrange automobile, à bord de laquelle se trouvent quatre soldats vêtus de kaki et coiffés d'un gros casque recouvert d'un filet vert, arrive à toute vitesse et se range sous les arbres. Ce sont des Américains ! L'un des hommes, un petit brun à fine moustache noire, se met debout, s'empare d'un combiné d'appareil téléphonique, puis il parle tout en examinant une carte. Tout me semble étrange : cette voiture presque carrée, ce téléphone à bord d'une auto et, qui plus est, sans fil !

Une foule de curieux s'est vite rassemblée. Nous demeurons un instant silencieux, comme abasourdis, puis, brusquement, tous ensemble, nous réalisons ce que représente la présence de ces soldats. Alors c'est du délire ! Les cris de « Vive l'Amérique ! », « Vive la France ! », « Vive de Gaulle ! » s'élèvent, se mélangent, se multiplient, bientôt couverts, ce qui ne les arrête pas, par le bruit des cloches carillonnant à toute volée et l'énorme grondement d'une interminable colonne de chars. Dans chaque blindé, un soldat, casque en tête et écouteurs aux oreilles, a le buste hors de la tourelle ; il jette à profusion paquets de bonbons et de cigarettes. Nous ne nous mêlons pas à la bousculade déchaînée par cette distribution, mais nous recueillons tout de même quelques paquets. M. Yver, riche de Camel et de Raleigh est aux anges ! Lui qui était réduit à la portion congrue depuis de nombreux jours, il n'arrête pas de fumer.

Albert Desile,
Des sombres années de l'occupation
aux chemins de l'été 1944,
Editions OCEP/La Manche Libre,
Coutances, 1983

Caen : la ville martyre

Montgomery avait stipulé dans ses directives d'avril 1944 : « Si l'ennemi nous devance à Caen et que ses défenses se révèlent trop solides pour que nous puissions capturer cette ville le jour J, Caen sera pilonnée par nos bombardiers afin d'en restreindre l'utilité pour l'ennemi. » C'est bien ce qui arriva, mais à quel prix !

Déjà le centre ville était touché et des incendies se déclaraient. Puis, suivit cette nuit tragique où des tonnes de bombe furent déversées par près d'un millier d'avions, la ville illuminée comme en plein jour par des fusées éclairantes suspendues à des parachutes. Plusieurs postes de la défense passive étaient écrasés avant même que les sauveteurs puissent intervenir ; d'autres se trouvaient bientôt cernés par le feu. Dans le quartier Saint-Jean, en proie aux flammes, les sauveteurs faisaient des prouesses pour essayer de sauver les blessés ou les survivants, en particulier dans la clinique de la Miséricorde.

Les Caennais quittaient la ville par milliers, mais des centaines d'autres se regroupaient dans la solide abbaye aux Hommes ou dans l'asile tout proche du

Bon Sauveur. En partie évacué de ses aliénés il s'y improvisait un hôpital où, bientôt, seront soignés deux mille blessés.

Combien impitoyable d'ailleurs était cette arrivée de blessés, le plus souvent mutilés, amenés sur des brancards mais parfois des brouettes, des volets, des charrettes à bras, les ambulances n'y suffisant pas ou ne pouvant plus pénétrer dans les ruines ; une fois même, un tank allemand amena une femme hurlant dont l'accouchement se passait fort mal. Au Bon Sauveur, on soignait indifféremment civils, soldats allemands ou anglais ; et pourtant un jour, les Allemands poursuivirent un civil blessé

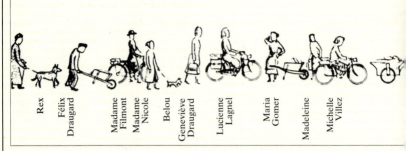

L'exode des Normands. Dessin anonyme où l'auteur a scrupuleusement noté à la main, tel que reproduit ci-dessus, les noms de ses compagnons d'exode.

jusque dans la salle d'opération et l'abattirent d'une balle.

Cet îlot sanitaire formé par le Bon Sauveur et l'abbaye aux Hommes où se regroupèrent bientôt, à côté des blessés, plus de 15 000 réfugiés, ne comportait pas de signe distinctif; aussi les premières bombes avaient-elles écrasé un des pavillons, détruisant en même temps l'unique réserve de cercueils. Une croix rouge fut confectionnée à la hâte le premier jour avec les champs opératoires rougis du sang des blessés en attendant que puissent être peintes de plus grandes croix rouges sur la façade de l'abbaye et sur les toits du Bon Sauveur. Craignant que cela ne suffise pas, la Résistance, après bien des tentatives, réussit à faire passer les lignes à une jeune femme et à un ancien préfet qui prévinrent les Alliés. Ceux-ci ne se doutaient pas que 35 000 Caennais s'accrochaient encore à leurs ruines. Les croix rouges furent respectées et s'il tomba encore quelques centaines d'obus sur ce périmètre, c'était peu par rapport aux centaines de milliers qui atteignirent Caen pendant ces deux mois et demi de bataille.

Les rangs des sauveteurs s'éclaircissaient. Près d'une centaine y laissèrent leur vie. Les Caennais pourtant résistaient aux ordres successifs d'évacuation édictés par les Allemands.

Il fallait un moral à toute épreuve pour tenir car la déception avait été grande les premiers jours : Caen, à 10 km de la mer à vol d'oiseau, n'avait pu être libéré. Les seuls soldats alliés qu'on avait vus étaient des prisonniers ou des blessés. Les combattants s'étaient arrêtés aux portes de la ville. Le mauvais temps avait retardé les renforts, bloqué les plages. Puis, la 12e Panzer, arrivée le 7 juin, avait enrayé l'avance des Canadiens à l'ouest de la ville; la 3e division britannique étaient bloquée par un vallonnement où les Allemands avaient dès le début constitué leur défense.

Montgomery cherchait à encercler Caen mais la bataille piétinait malgré les moyens mis en œuvre. Pour tenter une percée sur l'Odon, non loin de la ville, il avait jeté 60 000 hommes, 600 chars et 700 canons dans la bataille, le 25 juin, mais les pertes avaient été lourdes pour un gain dérisoire de quelques kilomètres.

Pour les civils, la situation était précaire. Le ravitaillement était difficile. Or, il fallait servir 15 000 repas à l'Abbaye aux Hommes et presque autant au Bon Sauveur. Les secouristes du

Gueru — Édouard Lagnel — André Lagnel — Valentine Beaumin — Marie Le Behet

début, gens de la défense passive, membres de la Croix-Rouge ou des équipes nationales et autres volontaires, pour beaucoup des étudiants, après avoir sauvé les blessés sous les bombardements, lutté contre l'incendie pendant plus de dix jours, allaient s'acharner à assurer ce ravitaillement. Les stocks s'épuisant, ils dégageaient les caves des communautés ou des entrepôts sinistrés pour en ressortir les réserves ; d'autres bravaient les obus, parfois entre les lignes, pour récupérer le bétail abandonné ou blessé. Combien de fois cependant, au retour, les Allemands disputèrent ce butin et prélevèrent leur part.

Néanmoins, les Caennais faisaient montre d'un stoïcisme et d'une abnégation exemplaires. N'a-t-on pas trouvé dans une cave déblayée des mois plus tard le journal d'un homme qui, n'ayant pu être sauvé, y mourut d'épuisement ? Il avait écrit : « Je sens que je vais mourir et jamais je ne verrai cette Libération que j'ai tant attendue, mais puisque, par ma mort, d'autres seront libérés, vive la France, vive les Alliés. » Cela traduisait bien le sentiment général. On attendait envers et contre tout la libération pour soi ou pour les autres.

C'est seulement le 18 juillet, à la suite d'une immense opération lancée sur tout le front, que les Anglo-Canadiens parvinrent à percer les défenses allemandes et que l'Orne put être franchie. Un bombardement avec, à de nouveau, un millier d'avions avait précédé l'opération Goodwood à l'est de Caen. 24 000 obus furent tirés sur le sud de la ville et les Alliés, n'osant annoncer qu'ils finissaient de libérer Caen, indiquaient dans leur communiqué « la prise du faubourg de Vaucelles ».

Mais cette opération, malgré la participation de quatre corps d'armée anglo-canadiens, n'était qu'un demi-succès. L'avance ne dépassait pas les faubourgs de la ville et, à l'est, couvrait tout juste 5 km. Caen devait rester encore la cible des Allemands pendant un mois. Le dernier obus tomba sur la ville vers le 18 août, c'est-à-dire peu de jours avant le début de la libération de Paris, lorsque la dernière poussée alliée se fit à l'est, à partir de Troarn, grâce à l'action combinée des commandos franco-britanniques, des parachutistes et des Belges de la division Piron.

La bataille avait duré 73 jours ; un mois plus tard il ne resterait plus, pratiquement, que deux départements français à libérer. Montgomery avait usé, comme il l'avait annoncé, les blindés allemands sur ce front ; la bataille de Normandie avait été un peu la bataille de France, et Caen, après avoir subi le martèlement continu des bombardements, devenait symboliquement, comme l'a dit un historien britannique, « l'enclume de la victoire ».

André Heintz,
*Caen pendant la bataille :
récit d'un témoin*,
in *Normandie 44*,
présenté par François Bédarida,
IHTP, Albin Michel, Paris, 1987

Le jour le plus long

Tourné en 1962 d'après l'ouvrage de Cornelius Ryan, ce film, qui retrace « le plus long jour du siècle », selon les mots de Rommel, ne nécessita pas moins de quatre réalisateurs. Quelques-unes des plus grandes vedettes de cinéma, américaines, anglaises et françaises y jouèrent le rôle d'hommes célèbres mais aussi d'anonymes, non moins héroïques. Le réalisateur Samuel Fuller a, quant à lui, bel et bien participé au débarquement, sur Omaha Beach, avec la 1re division américaine, dont il retrace la glorieuse histoire dans son film, The Big Red One *(Au-delà de la gloire, 1980).*

John Wayne, Sean Connery... les stars qui, dans le *Jour le plus long*, ont prêté leurs traits aux héros du débarquement. A droite, au milieu, les parachutistes qui sautèrent sur Sainte-Mère-Eglise. En bas à droite, Lee Marvin dans une scène de *The Big Red One*.

174 TÉMOIGNAGES ET DOCUMENTS

ORDRE DE BATAILLE ALLIÉ

Le 6 juin 1944

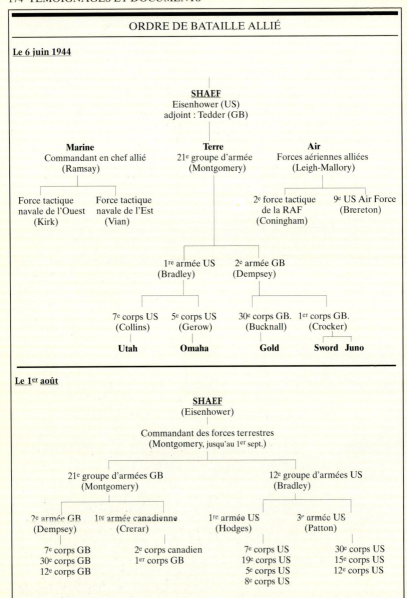

Le 1er août

ORDRE DE BATAILLE ALLEMAND

Le 6 juin 1944

```
                                    Hitler
                                      |
                    Haut commandement de la Wehrmacht (OKW)
                                   (Keitel)
                                      |
                     Commandant suprême de l'Ouest (OB West)
                              (von Rundstedt)
```

| Gouverneur militaire pour la France | | Groupe naval Ouest | Flotte de l'air 3 |
| (Stulpnagel) | | (Krancke) | (Sperrle) |

Groupe d'armées B	Groupe d'armées G	Groupe Panzer Ouest
(Rommel)	(Blaskowitz)	(Von Schweppenburg)
	Sud de la Loire	1ᵉ corps Panzer (Hausser)

commandement partiel

15ᵉ armée	7ᵉ armée (Dollmann)	3ᵉ division blindée (en réserve)	1ʳᵉ division Panzer SS
			12ᵉ division Panzer SS
25ᵉ corps	74ᵉ corps	84ᵉ corps (Marcks)	2ᵉ division Panzer	17ᵉ division Panzer SS
			116ᵉ division Panzer	division Panzer Lehr
			21ᵉ division Panzer	

4 divisions d'infanterie
+ 1 en réserve

LES ARMEES EN PRESENCE

Les Alliés

SHAEF
Commandant suprême : général Dwight D. Eisenhower (US)
Commandant suprême adjoint : maréchal de l'air sir Arthur Tedder (GB)
Chef d'état-major : général Walter Bedell-Smith (US)
Commandant en chef de l'opération Neptune : amiral sir B. H. Ramsay (GB)

<u>Groupe de la 21e armée</u> : général sir Bernard L. Montgomery

2e armée : général sir Miles Dempsey
    1er corps : général J. T. Crocker
    7e corps : général sir Richard O'Connor (à partir du 1er juillet)
    12e corps : général Neil M. Richie (à partir du 30 juin)
    30e corps : général B. C. Bucknall (jusqu'au 3 août), puis Brian G. Horrocks

1re armée canadienne : général H. D. G. Crerar (à partir du 23 juillet)
    2e corps (du 12 au 23 juillet) : général G. S. Simonds

<u>12e groupe d'armées</u> : général Omar N. Bradley (à partir du 1er août)

1e armée : général Bradley (jusqu'au 1er août), puis général Courtney H. Hodges
3e armée : général George S. Patton Jr
    5e corps : général Leonard T. Gerow
    7e corps : général J. Lawton Collins
    8e corps : général Troy H. Middleton
    12e corps : général Gilbert R. Cook
    15e corps : général Wade H. Haislip
    19e corps : général Walton H. Walker

<u>Commandant en chef de l'aviation</u> : maréchal de l'air sir Trafford Leigh-Mallory (GB)
    2e force tactique de la RAF : maréchal de l'air sir Arthur Coningham
    9e armée US : général Lewis H. Brereton et Joyt S. Vandenberg
    défense de l'air GB : maréchal de l'air sir Roderick M. Hill
    commandant des bombardiers RAF : maréchal de l'air sir Arthur T. Harris
    8e armée de l'air US : général James H. Doolittle

Les Allemands

Commandant en chef : Adolf Hitler
Chef d'état-major : maréchal Wilhelm Keitel
Commandant en chef de l'état-major : général Alfred Jodl

<u>Commandants de l'Ouest</u> : maréchal Gerd von Rundstedt (jusqu'au 2 juillet)
maréchal Günther von Kluge (jusqu'au 18 août)
maréchal Walther Model

<u>Groupe B</u> : maréchal Erwin Rommel (jusqu'au 17 juillet)
– maréchal Gunther von Kluge (jusqu'au 18 août)
– maréchal Walther Model

Commandant la VIIe armée : général Friedrich Dollman (jusqu'au 28 juin)
– général SS Paul Hausser (jusqu'au 20 août)
– général Heinrich Eberbach (jusqu'au 30 août)

Commandant le groupe Panzer Ouest (jusqu'au 5 août), puis la Ve armée de Panzer : général Geyr von Schweppenburg (jusqu'au 6 juillet)
– puis général Heinrich Eberbach (jusqu'au 9 août)
– puis général SS Joseph «Sepp» Dietrich

1er corps Panzer SS : général SS Paul Hausser (jusqu'au 28 juillet)
général Wilhem Bittrich

84e corps : général Erich Marcks (jusqu'au 12 juin)
général Fahrmbacher (jusqu'au 18 juin)
général Dietrich von Choltitz (jusqu'au 28 juillet)
général Otto Elfeldt

<u>Commandement de l'aviation</u> : maréchal Hugo Sperrle

<u>Commandement de la marine</u> : amiral Theodor Kranke

LES ARMÉES EN PRÉSENCE AU JOUR J

21ᴱ GROUPE D'ARMÉES

Iʳᵉ ARMÉE US

7ᵉ corps
4ᵉ division d'infanterie
12ᵉ, 22ᵉ et 8ᵉ régiments d'infanterie

5ᵉ corps
1ʳᵉ division d'infanterie
115ᵉ, 116ᵉ, 16ᵉ et 18ᵉ régiments d'infanterie
82ᵉ division aéroportée
505ᵉ, 507ᵉ, 508ᵉ régiments d'infanterie parachutiste
325ᵉ régiment d'infanterie aéroportée (planeurs)
376ᵉ régiment d'artillerie de campagne parachutée
319ᵉ régiment d'artillerie de campagne aéroportée (planeurs)
307ᵉ bataillon du génie aéroporté
101ᵉ division aéroportée
501ᵉ, 502ᵉ, 506ᵉ régiments d'infanterie parachutiste
327ᵉ régiment d'infanterie aéroporté (planeurs)
377ᵉ régiment d'artillerie de campagne parachuté
321ᵉ et 907ᵉ régiments d'artillerie de campagne aéroportée (planeurs)
326ᵉ bataillon du génie aéroporté

IIᴱ ARMÉE GB

79ᵉ division blindée
30ᵉ brigade blindée
22ᵉ de cavalerie lourde
1ᵉʳ Lothians and Border House
2ᵉ division de cavalerie territoriale
cavalerie du comté de Londres (dragons de Westminster)
141ᵉ régiment RAC

1ʳᵉ brigade de chars
11ᵉ, 42ᵉ et 49ᵉ bataillons RTR
1ʳᵉ brigade d'assaut RE
5ᵉ, 6ᵉ et 42ᵉ régiments d'assaut RE
79ᵉ régiment de transmission regroupé en division blindée
1ᵉʳ régiment blindé de chenillettes canadien

Brigades indépendantes
27ᵉ brigade blindée
13ᵉ et 18ᵉ des hussards du roi
1ʳᵉ division de cavalerie territoriale du East Riding
division de cavalerie territoriale du Staffordshire
8ᵉ brigade blindée
4ᵉ et 7ᵉ des gardes royaux de cavalerie lourde (jusqu'au 29 juillet)
24ᵉ lanciers
division de cavalerie territoriale du Nottinghamshire
12ᵉ bataillon du corps des chasseurs du roi
2ᵉ brigade blindée canadienne
6ᵉ régiment blindé (1ᵉʳ hussards)
10ᵉ régiment blindé (Fort Garry Horse)
27ᵉ régiment blindé (chasseurs de Sherbrooke)

1ᵉʳ corps
régiment du Inn of Court RAC
62ᵉ régiment anti-char
102ᵉ régiment léger anti-aérien
9ᵉ régiment de cartographie RA
1ᵉʳ corps du génie
1ᵉʳ corps de transmission

30ᵉ corps
11ᵉ régiment de hussards (voitures blindées)
73ᵉ régiment anti-char
27ᵉ régiment léger anti-aérien
4ᵉ régiment de cartographie RA
30ᵉ corps du génie
30ᵉ corps de transmission

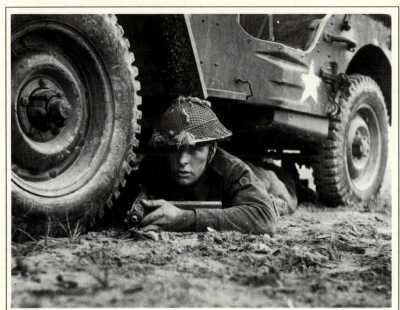

3e division
8e brigade
1er bataillon du Suffolk regiment,
2e bataillon du East Yorkshire regiment
1er bataillon du South Lancashire regiment
9e brigade
2e bataillon du Lincolnshire regiment
1er bataillon du King's own Scottish borderers
2e bataillon du Royal Ulster rifles
185e brigade
2e bataillon du Royal Warwickshire regiment
1er bataillon du Royal Norfolk regiment
2e bataillon du King's Shropshire light infantry
Troupes regroupées en division
3e régiment de reconnaissance RAC
3e régiment du génie
3e régiment des transmissions
7e, 33e et 76e régiments d'artillerie de campagne
20e régiment anti-char
92e régiment léger anti-aérien RA
2e bataillon du Middlesex regiment

6e division aéroportée
3e brigade de parachutistes
8e et 9e bataillons de parachutistes
1er bataillon de parachutistes canadiens
5e brigade de parachutistes
7e, 12e et 13e bataillons de parachutistes
6e brigade aéroportée
12e bataillon du Devonshire regiment
2e bataillon du Oxfordshire et du Buckinghamshire light infantr,
1er bataillon du Royal Ulster rifles
Troupes regroupées en division
6e régiment de reconnaissance blindé aéroporté RAC
6e régiment du génie aéroporté
53e régiment léger aéroporté
6e régiment de transmission aéroporté

50e division du Northumbrian
69e brigade
5e bataillon du East Yorkshire regiment
6e et 7e bataillons du Green Howards
151e brigade
6e, 8e et 9e bataillons du Durham light infantry
231e brigade
2e bataillon du Devonshire regiment
1er bataillon du Hampshire regiment
1er bataillon du Dorsetshire regiment
Troupes regroupées en division
61e régiment de reconnaissance RAC
50e régiment du génie
50e régiment de transmission
74e, 90e et 124e régiments
102e régiment anti-char
25e régiment léger anti-aérien RA
2e bataillon du Cheshire regiment

3e division canadienne
7e brigade
Chasseurs du Royal Winnipeg
Régiment des chasseurs Regina
1er bataillon du régiment écossais canadien
8e brigade
Chasseurs de la Reine
Régiment de la Chaudière
Régiment North Shore (New Brunswick)
9e brigade
Infanterie légère du Highland
Highlanders Stormont, Dundas et Glengarry
Highlanders Nova Scotia du Nord
Troupes regroupées en division
17e hussards du duc d'York
12e, 13e et 14e régiments, artillerie royale
3e régiment antichar, artillerie royale
Cameron Highlanders d'Ottawa (régiment de mitrailleuses)

Commandos
1re brigade du Special Service
3e, 4e et 6e commandos
45e commando de marine royale

GROUPE D'ARMÉES ALLEMANDES B

VIIe armée

84e corps
243e, 709e, 352e et 716e divisions d'infanterie

21e division blindée
22e régiment blindé
125e, 192e, 155e régiments d'infanterie blindés
21e détachement blindé (reconnaissance)
200e détachement de chasseurs de chars
220e bataillon de pionniers blindés (génie)

Les musées du Jour J

L'opération Overlord a laissé de profondes cicatrices sur le sol de Normandie. Aujourd'hui, sur les côtes françaises, mais également aux Etats-Unis et en Grande-Bretagne, de nombreux musées, mémoriaux et cimetières rappellent à la mémoire des hommes le sacrifice des combattants. Autant de plaidoyers pour la paix adressés aux générations futures.

Le Mémorial de Caen

Conçu autour de différents espaces audiovisuels spectaculaires – murs d'images, projection de films, galeries d'objets – le Mémorial célèbre la paix à travers une mise en scène :
- Premier acte : Les années 1920 et la faillite de la paix ;
- Acte II : Le choc de la guerre, la France des années noires, la Résistance, les déportations, les peuples martyrs ;
- Acte III : Le Jour J, les larmes et l'espoir ;
- Dernier acte : Espérance.

Le Mémorial abrite également la galerie des prix Nobel de la Paix, une bibliothèque, un centre de documentation, des archives – souvent inédites –, une cinémathèque, des salles de conférences et une librairie.

Principaux sites et musées en Normandie

- <u>Cherbourg</u>
Musée de la guerre et de la libération, au fort du Roule.
- <u>Quinéville</u>
Musée de la liberté.
- Pointe du Hoc, en hommage aux Rangers du colonel Rudder.
- <u>Omaha Beach</u>
cimetière américain rassemblant plus de 9 000 tombes.
- <u>Batterie de Longues</u>, seul bunker intact.

Le Mémorial pour la Paix à Caen.

- <u>Arromanches</u>
Musée du débarquement et vestiges du port artificiel.
- <u>Ouistreham</u>
Musée du 4e commando sur Sword Beach.
Musée du Mur de l'Atlantique.
- <u>Sainte-Mère-Eglise</u>
Musée des troupes aéroportées américaines.
- <u>Sainte-Marie-du-Mont</u>
Musée du débarquement sur Utah Beach.
- <u>Utah Beach</u>
Borne de la voie de la liberté.
- <u>Port-en-Bessin</u>
Musée des épaves sous-marines du débarquement.
- <u>Bayeux</u>
Musée Mémorial de la bataille de Normandie, avec une remarquable exposition de matériel, d'armes et d'uniformes et une présentation détaillée de la bataille à partir de souvenirs, films et dioramas.
- <u>Falaise</u>
Musée d'août 1944
- <u>Bénouville</u>
Musée des troupes aéroportées anglaises autour du Pegasus Bridge.
- <u>Avranches</u>
Musée de la Seconde Guerre mondiale.
- <u>Montormel</u>
Mémorial de Coudehard-Montormel sur la bataille de Normandie.
- <u>L'Aigle</u>
Musée de juin 1944
- <u>Alençon</u>.

Les cimetières militaires en Normandie

- <u>Américains</u>
Colleville-Saint-Laurent (plus de 9 000 tombes)
Saint-James (plus de 4 000 tombes)
- <u>Britanniques</u>
Barneville-Sannerville (plus de 2 000 tombes)
Bayeux (plus de 5 000 tombes)
Brouay
Cambes-en-Plaine
Chouain
Douvres-la-Délivrande
Fontenay-le-Pesnel
Hermanville-sur-Mer
Hottot-Longraye
Ranville (plus de 2 000 tombes)
Ryes
Saint-Manvieu (plus de 2 000 tombes)
Secqueville-en-Bessin
Tilly-sur-Seulles
Saint-Charles-de-Percy
Saint-Désir-de-Lisieux
- <u>Français</u>
Nécropole de la 2e DB, Alençon
- <u>Canadiens</u>
Bény-sur-Mer-Reviers
Bretteville-sur-Laize-Cintheaux
- Polonais
Grainville-Langannerie
- <u>Allemands</u>
La Cambe (plus de 21 000 tombes)
Saint-Désir-de-Lisieux
La Chapelle-en-Juger
Orglandes
Huisnes-sur-Mer

Les musées en Grande-Bretagne

- <u>Portsmouth</u>
D Day Museum
- <u>Londres</u>
Imperial War Museum (archives et photothèque ouvertes au public)
National Army Museum
Royal Air Force Museum

Les musées aux Etats-Unis

- <u>Washington</u>
US Navy Museum
US Army Center of Military History
- <u>Nouvelle-Orléans</u>
D Day Museum

CHRONOLOGIE

Juin 1940 Les dernières troupes anglaises sont évacuées de France à Dunkerque.

22 juin 1940 La France signe l'armistice avec l'Allemagne.

22 juin 1941 L'Allemagne déclare la guerre à l'URSS.

7 décembre 1941 L'attaque japonaise sur Pearl Harbour provoque l'entrée en guerre des Etats-Unis.

Janvier 1942 Conférence des chefs d'Etats alliés à Washington.

19 août 1942 Raid anglo-canadien sur Dieppe.

8 novembre 1942 Opération Torch, débarquement allié en Afrique du Nord.

10 novembre L'Allemagne pénètre en zone occupée.

Janvier 1943 Conférence de Casablanca. Mise en place de l'état-major du COSSAC.

10 juillet 1943 Opération Husky, débarquement allié en Sicile.

Août 1943 Conférence des Alliés à Québec.

8 septembre 1943 Capitulation de l'Italie. Opération Avalanche : débarquement allié en Italie.

6 décembre 1943 Le général Eisenhower est nommé au commandement suprême des forces expéditionnaires alliées (SHAEF).

22 janvier 1944 Débarquement allié amphibie à Anzio en Italie.

15 février 1944 Présentation finale du plan de l'opération Overlord par le général Montgomery.

15 mai 1944 Conférence définitive du SHAEF.

6 juin 1944 Le Jour J, opération Overlord : débarquement allié en Normandie.

11 juin Hitler interdit la retraite allemande.

12 juin La Ire armée américaine prend Carentan.

13 juin Echec de la IIe armée britannique devant Villers-Bocage. Premières bombes volantes lancées sur le sud de l'Angleterre.

14 juin Discours du général de Gaulle à Bayeux.

17 juin La Ire armée américaine prend Barneville (sud du Cotentin). Hitler rencontre von Rundstedt et Rommel à Soissons.

19-22 juin Une violente tempête disloque les ports artificiels Mulberry.

25 juin Opération Dauntless par le 30e corps britannique.

26-30 juin Opération Epsom lancée par le 8e corps anglais à l'ouest de Caen.

27 juin Prise de Cherbourg par le 7e corps US.

28 juin Suicide du général Dollmann commandant la VIIe armée allemande.

2 juillet Le maréchal von Rundstedt est remplacé par le maréchal von Kluge à la tête du commandement de l'Ouest.

3 juillet Début de l'offensive sur Saint-Lô par la Ire armée US.

6 juillet Le général von Schweppenburg remplacé par le général Eberbach à la tête des divisions Panzer.

7-8 juillet Opération Charmwood : Le 1er corps britannique nettoie la moitié nord de Caen.

10 juillet Opération Jupiter du 8e corps anglais vers la Bretagne.

18 juillet Le maréchal Rommel grièvement blessé est remplacé par le maréchal von Kluge.

18-20 juillet Opération Goodwood : prise de Caen par les 8e et 1er corps britanniques, et le 2e corps canadien.

19 juillet Prise de Saint-Lô par la Ire armée US.

20 juillet Attentat manqué contre Hitler.

23 juillet La Ire armée canadienne devient opérationnelle.

25-28 juillet Opération Cobra, début de l'offensive américaine par le 7e corps US dans le bocage.

30 juillet Opération Bluecoat par IIe armée britannique, attaque au sud de Caen. La Ire armée US prend Avranches.

1er août Remaniement du haut commandement. Le 12e groupe d'armées américain est constitué. La IIIe armée US du général Patton devient opérationnelle.

6-8 août Contre-attaque allemande sur Mortain.

8 août Opération Totalize par la Ire armée canadienne le long de la route Caen-Falaise.

12 août Le général Bradley avec le 15e corps US prend Argentan.

15 août Opération Dragon : débarquement allié en Provence.

16 août Retraite de la VIIe armée allemande.

17 août La Ire armée canadienne prend Falaise.

18 août Von Kluge se suicide, il est remplacé par le maréchal Model.

19 août La IIIe armée US franchit la Seine à Mantes.

20-22 août Fermeture de la poche de Falaise par la Ire armée canadienne et la Ire armée US.

BIBLIOGRAPHIE

- Archives du Mémorial pour la paix de Caen.
- Badsley Stephen, Normandy 1944, *Allied Landings and Breakout*, Campaign Series n° 1, Osprey Military, London, 1990.
- Bedarida François (sous la direction de), *Normandie 44, du débarquement à la libération*, IHTP, Albin Michel, Paris, 1987.
- Bernage Georges (sous la direction de) *Normandie Album Mémorial, 6 juin-22 août 1944*, Heimdal, Bayeux, 1991.
- Bernage Georges, Benamou Jean-Pierre, Crochet Bernard, de Lannoy François, Mari Laurent, MacNair Ronald, *Album Mémorial Overlord, Jour J en Normandie*, Heimdal, Bayeux, 1993.
- Bolloré Gwenn-aël, dit Bollinger, *J'ai débarqué le 6 juin 1944*, Editions du Cherche-Midi, Paris, 1994.
- Bradley Omar, *Histoire d'un soldat*, traduit par Boris Vian, Gallimard, Paris, 1952.
- Brouard Jean-Yves, *Les Liberty Ships*, Glénat, Grenoble, 1993.
- Bryant Arthur, *The Turn of the Tide*, Collins, London, 1959.
- Carell Paul, *Sie komen, Ils arrivent*, Robert Laffont, Paris, 1961.
- De Gaulle Charles, *Mémoires de Guerre*, tome III, *l'unité 1942-1944*, Plon, Paris, 1956.
- Desquesnes Rémy, *Normandie 1944*, Mémorial de Caen, Ouest-France, Rennes, 1993.
- Desile Albert, *Chemins de l'été 1944*, OCEP/La Manche Libre, Coutances, 1983.
- D'Este Carlo, *Decision in Normandy*, Collins, London, 1983.
- Eisenhower Dwight D., *Crusade in Europe*, Heinemann, London, 1948.
- Foot Michael R. D., *SOE In France*, Her Majesty's Stationery Office, London, 1966.
- Hemingway Ernest, *En route pour la victoire* in *Œuvres romanesques*, tome II, traduit par Georges Magnane, Gallimard, La Pléiade, Paris.
- Hickey R. Myles, *The Scarlet Dawn*, Unipress, Canada, 1980.
- Jary Sydney, *18 Plattoon*, Sydney Jary Ltd, Suurey, 1987.
- Jefferson Alan, *Assault on the Guns of Merville*, John Murray, Londres, 1987.
- Keegan John, *Six Armées en Normandie*, Albin Michel, Paris, 1984.
- Kemp Anthony, *South Hampshire and the D Day Landings*, Milestone, Horndean, 1984.
- Kemp Anthony, *Southampton at War 1939-1945*, Ensign, Southampton, 1989.
- Lamb Richard, *Montgomery in Europe 1943-1945*, Buchan & Enright, London, 1983.
- Liddell-Hart Basil, *The Other Side of the Hill*, Cassell, London, 1948.
- Lovat lord, *March Past*, Weinfeld & Nicholson, London, 1979.
- Luck colonel Han von, *Panzer Commander*, Praeger, New York, 1989.
- McConahey William M., *Battalion Surgeon*, Private Publication, Rochester, Minn., 1966.
- Ose Dieter, *Entscheidung im Western 1944*, D. V. A. Stuttgart, 1982.
- Piekalkiewicz Janusz, *Invasion, Frankreich 1944*, Suedwest Verlag, Munich, 1979.
- Quétel Claude, *Un Mémorial pour la Paix*, Editions du Regard/ Mémorial de Caen, Caen, 1992.
- Ritgen Helmut, *Die Geschichte der Panzer Lehr Division im Western 1944-1945*, Motorbuch Verlag, Stuttgart, 1979.
- Robertson Terence, *Dieppe, the Shame and the Glory*, McClelland & Stewart, Toronto, 1962.
- Tute Warren, Costello, John, Hughes, Terry, *D Day*, Sidgwick & Jackson, London, 1974.
- Willmot Chester, *The Struggle for Europe*, Collins, London, 1952.

TABLE DES ILLUSTRATIONS

COUVERTURE

1er plat h Les troupes américaines quittent le port de Weymouth (Angl.), 5 juin 1944.
1er plat b Les soldats américains débarquant sur Omaha Beach, 6 juin 1944. Photos de Robert Capa.
Dos Portrait du général Montgomery.
4e plat Soldats américains croisant des prisonniers allemands, Normandie, août 1944, photo de Robert Capa.

OUVERTURE

1 Les soldats américains embarquent sur les navires à la veille du Jour J, photo Robert Capa.
2-3 Soldats américains sur une péniche du débarquement, photo Robert Capa.
4-5 Le débarquement sur Omaha Beach, photo Robert Capa.
6-7 *idem.*
8-9 *idem.*
10 Portrait de l'auteur photo Jacques Sassier, © Gallimard.
11 Affiche de propagande américaine au moment du débarquement. The Battle of Normandy Foundation, Washington.

CHAPITRE I

12 Portrait de Winston Churchill en 1939.
13 Le Mur de l'Atlantique sur les côtes de la Manche, 1942.
14 Affiche anglaise pour les opérations combinées, dessin d'Harold Pym pour l'Amirauté.
14-15 Contre-offensive soviétique devant Stalingrad, novembre 1942, photo Georgi Zelma.
15 Raid des commandos anglais aux Lofoten. Imperial War Museum, Londres.
16h Annonce de l'échec du raid sur Dieppe dans *Le Réveil du Nord*, 20 août 1942.
16b Portrait de lord Louis Mountbatten en 1942. Imperial War Museum, Londres.
17h La plage de Dieppe après l'échec du raid canadien le 19 août 1942.
17b Un tank anglais Churchill Mk III, 1944.
18h Portrait du général Dwight D. Eisenhower en décembre 1943.
18-19b Le débarquement de l'armée américaine au Maroc sur la plage de Fedala, le 8 novembre 1942.
19b Portrait du maréchal Erwin Rommel durant la campagne en Afrique du Nord.
20 Les généraux Giraud et de Gaulle en compagnie de Churchill et Roosevelt lors de la conférence de Casablanca, le 24 janvier 1943. Imperial War Museum, Londres.
21 Chantier naval américain de nuit pour la construction des Liberty Ships, coll. part.
22-23 Les falaises du cap Blanc-Nez dans le Pas-de-Calais.
22b Deux soldats allemands sur le Mur de l'Atlantique en 1942.
23b Carte de la Normandie à la veille du débarquement.
24h La «Freya», radar allemand sur les côtes de la Manche.
24m Le maréchal von Rundstedt sur le front de l'Atlantique le 3 mars 1943. Bibl. nat., Paris.
25 Le Mur de l'Atlantique, 1944. Bibl. nat., Paris.
26 Pipeline PLUTO pour le ravitaillement.
27h Construction des caissons de béton pour les ports Mulberry en Angleterre.
27b Portrait de Percy Hobart, chef de la 79e division blindée. Imperial War Museum, Londres.
28h Mortier à flammes, exercice en Angleterre le 20 avril 1944. Imperial War Museum, Londres.
28b Tank Churchill équipé d'un lance-flammes Crocodile, exercice à Eastwell Park, Ashford, Kent Imperial War Museum, Londres.
29h Tank Bobbin équipé de bâches. Imperial War Museum, Londres.
29b *idem*.
30-31h Attaque de bombardiers allemands Messerschmitt 110 sur l'Angleterre.
30b Eisenhower, Tedder et Alexander à la conférence de Tunis.
31b L'amiral anglais Ramsay en mai 1944, photo officielle de l'Amirauté. Imperial War Museum, Londres.
32 Sous-marin miniature classe X 23 de retour de mission en Normandie. Royal Navy Submarine Museum, Gosport.
33 Tank en caoutchouc utilisé dans l'opération Fortitude.

CHAPITRE II

34 L'embarquement des troupes alliées dans un port anglais.
35 Portrait du maréchal von Rundstedt en Normandie.
36b Deux soldats américains reçus chez un pasteur anglais et sa femme. Imperial War Museum, Londres.
36-37h Les troupes américaines défilant dans un village anglais.
37h Guide de l'Angleterre à l'usage des troupes américaines. D Day Museum, Portsmouth.
37b Barre de chocolat Hershey's D Day Museum, Portsmouth.
38-39 Panneau d'interdiction aux civils sur la route de Dorchester près de Puddleton. Imperial

TABLE DES ILLUSTRATIONS 187

War Museum, Londres.
38b-39b Exercice des commandos américains en Angleterre. Imperial War Museum, Londres.
39h Rassemblement d'ambulances à Fort Wayne, Indiana en 1944 avant leur embarquement pour l'Europe.
40 Le SHAEF à Southwick House, de gauche à droite Bradley, Ramsay, Tedder, Eisenhower, Montgomery, Leigh-Mallory et Bedell Smith en mai 1944. Imperial War Museum, Londres.
41 Portrait du général Kœnig en 1944.
42h Parachutage à destination de la Résistance en France.
42-43 Affiche allemande, détail, 1944. BDIC, Paris.
43m Poste valise anglais Mark III utilisé en France par le maquis. Musée de l'Armée, Paris.
43b Sabotage des voies ferrées par la Résistance, 1944. Bibl. nat., Paris.
44 Rommel en inspection sur les plages de Normandie. ECPA, fort d'Ivry.
45h Etat-major allemand à l'hôtel Prince de Galles à Paris le 8 mai 1944, de gauche à droite Blaskowitz, Sperrle, von Rundstedt, Rommel et Krancke.
45b Bunker camouflé en villa normande sur le Mur de l'Atlantique.
46b Un officier expliquant les opérations aux parachutistes, le 4 juin 1944, photo prise par le capitaine Malindin.
47h De gauche à droite, barges de débarquement LCT et LST. Mémorial de Caen.
47b Barge endommagée au cours de l'exercice Tigre à Slapton Sands en avril 1944. National Archives, Washington.
48-49h L'embarquement des troupes à Weymouth, juin 1944, photo Robert Capa.
48-49b Les soldats allemands au guet à l'abri d'un bunker du mur de l'Atlantique, 1944.
50b Les troupes américaines attendant dans une barge dans le port de Weymouth le 5 juin 1944, photo Robert Capa.
51 L'intérieur de Norfolk House, siège de l'opération Neptune, aquarelle de Jean Gordon. D Day Museum, Portsmouth.
52b «Nous n'accepterons rien de moins qu'une victoire totale», Eisenhower s'entretenant avec les parachutistes américains avant le décollage le soir du 5 juin. Imperial War Museum, Londres.
53 Les barges de débarquement amassées dans le port de Southampton à la veille du jour J.
54h Montgomery s'entretenant avec les officiers de liaison alliés près de Weymouth le 5 juin, photo Robert Capa.
54-55 Soldats américains dans une barge avant la mise en route.
56 Les parachutistes anglais embarquant dans les avions à la veille du jour J.
57h Les «windows», bandes d'aluminium larguées pour tromper les radars allemands.
57b Churchill et Eisenhower à la veille du jour J, mai 1944, photo prise par le capitaine Horton.

CHAPITRE III

58 Débarquement de la 2e armée britannique en Normandie, peinture de Terence Cuneo.
59 Soldat allemand donnant l'alarme.
60-61h Avions américains larguant les parachutistes de la 82e division.
60m Le général Mathew Ridgeway avec ses soldats en juin 1944, photo Robert Capa.
61mh Insigne de la 101e division aéroportée américaine.
61mb Insigne de la 82e division aéroportée américaine.
60-61b Planeurs américains ayant atterri en Normandie.
62h Bombardement sur la batterie de Merville.
62b Planeur anglais accidenté près de Pegasus Bridge.
63 Cuirassé faisant feu sur les défenses côtières allemandes. Bibl. nat., Paris.
64 Débarquement à Fox Green Beach, peinture de Dwight Shepler.
65h Char américain Sherman DD avec sa jupe de protection. Mémorial de Caen.
64-65 Débarquement des Américains, la première vague.
66-67 Dépliant sur les cinq plages du débarquement, recto : illustration Di Marco, ©Le Figaro Magazine ; verso : illustration Philippe Biard.
68h Message du général Eisenhower aux habitants des plages du débarquement. Mémorial de Caen.
68b Le général Bradley sur l'*USS Augusta* en compagnie de Kirk, Struble et Keen observant les opérations du 6 juin.
69 Affiche américaine pour acheter des bons de guerre. Mémorial de Caen.
70 L'entraide des soldats américains dans l'enfer d'Omaha Beach. Imperial War Museum, Londres.
71 Les Américains dans l'étau d'Omaha. Imperial War Museum, Londres.
72-73h Annonce du débarquement dans le *San Francisco Chronicle* du 6 juin 1944. D Day Museum, Portsmouth.
72-73b Blockhaus détruit par les rangers américains sur la

pointe du Hoc le 6 juin. Bibl. nat., Paris.
74h Le débarquement des troupes anglaises, affiche de Clive Upton
74b Les Anglais arrivant sur Juno Beach le 6 juin.
75 Mine allemande plantée sur un poteau sur les plages normandes, mai 1944. Bibl. nat., Paris.
76h Portrait de lord Lovat. Imperial War Museum, Londres.
76-77b Les prisonniers allemands capturés par les troupes anglaises au 6 juin.
77h Philippe Kieffer, commandant les FFL du débarquement.
78-79h Les troupes bloquées sur Omaha Beach au soir du 6 juin, photo Robert Capa.
78b Rommel inspectant la 21e division Panzer. Archives du Calvados, Caen.
79b Chars allemands Tigre postés à l'arrière. Bundes Archiv, Koblenz.
80h Portrait du général Feuchtiger, commandant la 21e division Panzer. Bundes Archiv, Koblenz.
80b Les soldats SS en arrière des plages normandes.
81h Les hangars bombardés du terrain d'atterrissage de Carpiquet.
81m «It's up to us to let'em have it», détail d'une affiche anglaise de propagande.
82-83 Le Jour J, le départ de la flotte et de l'aviation alliées, panneau de la tapisserie d'Overlord. D Day Museum, Portsmouth.
84-85 Le débarquement sur les plages de Normandie, *idem.*
86-87 La Normandie en feu, *idem.*

CHAPITRE IV

88 Les troupes américaines entrant dans Saint-Lô, peinture de Ogden Pleissner.
89 Kurt Meyer, Fritz Witt et Max Wünsche en juin près de Caen avec la 12e division Panzer SS Hitler Jugend, photo Wilfried Woscidlo. Bundes Archiv, Koblenz.
90h Les Alliés entrant dans Bayeux, photo du sergent Christie, 27 juin. Imperial War Museum, Londres.
90b Bradley, Montgomery et Dempsey posant après une réunion, photo du sergent Morris, 10 juin. Imperial War Museum, Londres.
90-91m Extrait de la couverture du *New York Post* du 6 juin.
91h Jeune parachutiste allemand, collection Georges Grod.
92 Avion américain survolant le mont Saint-Michel. Royal Air Force Museum, Londres.
92-93h Fantassins britanniques traversant une ferme en feu, photo prise par sergent Laws. Imperial War Museum, Londres.
93b Le général de Gaulle débarquant en Normandie, le 12 juin, photo AFP.
94 Port artificiel, débarquement du matériel, juin. Bibl. nat., Paris.
94-95h Les ports Mulberry, dessin anonyme. D Day Museum, Portsmouth.
95b La tempête du 22 juin dans les ports artificiels. Mémorial de Caen.
96h Les tanks Panzer IV de la 12e division SS Hitler Jugend. Bundes Archiv, Koblenz.
96b Le général Collins à Cherbourg, photo de l'US Army. National Archives, Washington.
97h Les Américains observant la ville de Cherbourg depuis le fort du Roule. Mémorial de Caen.
97b Le général von Schlieben lors de sa reddition à Cherbourg, le 26 juin.
98h Portrait du général sir Richard O'Connor.
98m La machine à coder Enigma. Mémorial de Caen.
99b Le martyre d'Aunay-sur-Odon, les ruines de l'église.
100b Le général Kurt «Panzer» Meyer en Normandie. Bundes Archiv, Koblenz.
100-101 Les blindés allemands cachés dans le bocage normand.
101h Portrait du général Dollmann. Bundes Archiv, Koblenz.
102h Soldats américains accueillis par des fermiers français près de Saint-Lô.
102b Un Parisien lisant un journal vychiste, juin.
103m Soldat anglais caché dans une maison en ruines près de Caen, photo du sergent Christie, 22 juin. Imperial War Museum, Londres.
103h Les fantassins américains dans le bocage près de Saint-Lô.
104 L'évacuation de soldats américains blessés, dessin de Bromberg. Mémorial de Caen.
105 Un avion Messerschmidt 210 détruit par les bombes alliées dans l'aérodrome de Carpiquet. Imperial War Museum, Londres.
106-107 Le quartier Saint-Jean et l'abbaye aux Dames en ruines à Caen après les bombardements alliés.
107h Trois soldats anglais après la prise de Caen.
108 Eisenhower et Bradley en conférence. Bibl. nat., Paris.
109h La Normandie dévastée, dessin de Alan Ritchie. D Day Museum, Portsmouth.
109b Montgomery s'adressant aux correspondants de guerre. Imperial War Museum, Londres.

CHAPITRE V

110 Les généraux Patton, Bradley et Montgomery en conférence en Normandie, août 1944.

TABLE DES ILLUSTRATIONS 189

111 «Im Gegenstoss», infanterie allemande dans un village en ruines, couverture du magazine *Signal*, été 1944, photo Arthur Grimm.
112h Le général anglais Miles Dempsey étudiant une carte.
113 Fantassins et colonnes blindées américains à l'ouest de Saint-Lô vers le 20 juillet.
114 La IIe armée britannique dans une embuscade allemande près de Tracy-Bocage, photo allemande.
115 Pièce d'artillerie anti-char 88mm allemande. Tank Museum, Bovington Camp, Dorset.
116-117 Carte de l'évolution de la bataille de Normandie, illustration Philippe Biard.
118h Les fusées volantes V1 attaquent le sud de l'Angleterre et Londres.
118b Jeep américaine dans la boue, 23 juillet, photo US Army.
119h Tank équipé de lames Rhinoceros. Mémorial de Caen.
119b Churchill observant les dégats provoqués par les V1. Imperial War Museum, Londres.
121h Cartes : à gauche la rupture du front le 25 juillet, à droite l'encerclement par les Américains de la VIIe armée allemande en août. Musée de la Libération, Cherbourg.
121h Portrait du général Patton.
121m Extrait de la une de *L'Œuvre* du 2 août sur la contre-attaque allemande à Avranches.
121b Les troupes américaines entrant dans Avranches.
122 Raid de nuit, dessin d'Alan Ritchie. D Day Museum, Portsmouth.
123 Portrait du général américain Courtney Hodges.
124h L'offensive anglaise dans la poche de Falaise, dessin d'Alan Ritchie. D Day Museum, Portsmouth.
125m Portrait du maréchal von Kluge.
125b Combat de rues dans un village normand, les troupes américaines aux prises avec un char allemand.
126h L'anéantissement de la poche de Falaise, 16-18 août. Bibl. nat., Paris.
127h Débarquement du général Leclerc sur la plage de Utah. Mémorial de Caen.
127 Débarquement de la 2e division blindée française depuis un LST américain, le 8 août. Bibl. nat., Paris.
128h La une du *Star* sur le débarquement en Provence, le 16 août.
128b La 45e division américaine débarquant près de Sainte-Maxime le 15 août, photo Noah de l'US Army.
129h La route de Paris est ouverte, camions américains, photo US Army.
129b Jeunes prisonniers allemands capturés par un soldat américain.
130 Deux enfants observant une ville de Normandie en ruines.

TEMOIGNAGES ET DOCUMENTS

131 Tombe d'un soldat américain en Normandie. Imperial War Museum, Londres.
132 Portrait du général Omar Bradley, photo Robert Capa.
133 Roosevelt et Churchill lors de la conférence de Québec le 18 août 1943, photo du captaine Horton. Imperial War Museum, Londres.
134 Portrait du général Eisenhower.
135 Portrait du général Montgomery.
136 Faux camion en caoutchouc. Imperial War Museum, Londres.
137h Faux canon pour tromper l'ennemi. Imperial War Museum, Londres.
137b Faux tank Sherman. Imperial War Museum, Londres.
138 Les «asperges de Rommel», défenses allemandes sur le Mur de l'Atlantique, 11-13 mai 1944. Bibl. nat., Paris.
140 Soldats américains buvant de la bière dans un pub anglais. Imperial War Museum, Londres.
141 Vue panoramique de l'exercice de débarquement à Slapton Sands. National Archives, Washington.
142 Exercice de débarquement des troupes anglaises, exercice Fabius. Imperial War Museum, Londres.
144 Le commandant Kieffer à la tête de ses hommes à Londres en 1941.
146 De Gaulle et Eisenhower en Angleterre le 4 juin 1944. photo US Army.
148 De Gaulle et Churchill à Marrakech en janvier 1944. Institut Charles-de-Gaulle.
150 Parachutistes américains sortant d'un planeur à l'arrière de Utah Beach, 6 juin 1944. Bibl. nat., Paris.
153 Deux soldats allemands sur le front de Normandie, juin 1944. Bibl. nat., Paris.
155 Le débarquement sur Omaha Beach, photo Robert Capa.
156 Le sauvetage des GI's noyés sur Omaha Beach, photo USIS.
159 Les premiers blessés d'Omaha Beach embarqués sur une péniche de débarquement, photo Robert Capa.
160 Débarquement des tanks Churchill sur une plage normande, 6 juin 1944. Imperial War Museum, Londres.
162 Tank allemand Panther embusqué dans le bocage normand. Bundesarchiv, Koblenz.
163 Troupes américaines dans le bocage, juin 1944.
164 GI's à l'affût devant Cherbourg, 26 juin 1944, photo Robert Capa.

166b La retraite des soldats allemands en Normandie près de Caen. Bundesarchiv, Koblenz.
167 Fantassins anglais à l'ouest de Caen, photo sergent Laing, 29 juin 1944. Imperial War Museum, Londres.
168 Réfugiés normands dans la cathédrale de Caen, photo sergent Hardy, 13 juillet 1944. Imperial War Museum, Londres.
169 La rue Saint-Jean à Caen totalement en ruines, septembre 1944.
170-171 L'exode de la population civile fuyant les bombardements, dessin anonyme. Mémorial de Caen.
172h Parachutiste sur Sainte-Mère-Eglise, photo extraite du film *Le Jour le plus long*, réalisé par Daryl Zanuck, © Century Fox, 1962.
172m Sean Connery dans le rôle d'un soldat anglais, in *Le Jour le plus long, idem*.
172b Le débarquement sur Omaha Beach, in *Le Jour le plus long, idem*.
173h John Wayne, in *Le Jour le plus long, idem*.
173m Les parachutistes sautent sur Sainte-Mère-Eglise, in *Le Jour le plus long, idem*.
173b Lee Marvin, acteur principal de *The Big Red One*, réalisé par Samuel Fuller, 1980.
175 Soldats allemands observant une attaque aérienne alliée, juin 1944, Normandie. Coll. Safara.
176 Portrait du maréchal Montgomery, Paris, mars 1948.
177 Portrait officiel du maréchal Rommel.
179 Parachutiste américain montant à bord d'un avion, au soir du 5 juin.
180 Chasseur anglais dissimulé sous son véhicule guettant un tireur isolé. Imperial War Museum, Londres.
181 La tête de pont sur Omaha Beach à Saint-Laurent-sur-Mer, juin 1944, photo Robert Capa.
182 Le Mémorial pour la paix. © Mémorial de Caen.
185 Soldats anglais dans la campagne normande.

INDEX

Armées
 Ire armée US *122, 123*, 125.
 IIe armée GB *81*, 111, 114, 123, 125.
 IIIe armée US *110*, 111, 120, *121*, 123.
 Ire armée canadienne 123.
 Ire armée française 128.
 VIIe armée allemande 45, 119, 124, 125.
 VIIIe armée allemande *101*.
 VIIIe armée GB 19, *127*.
 XVe armée allemande 81.
 Groupe d'armées G *45*.
 Groupe Panzer ouest *45, 45*.
 12e groupe d'armées US 123.
 21e groupe d'armées GB 39.
Corps d'armée
 2e corps canadien 126.
 7e corps US 46, 94, *96*, 104, 120.
 8e corps US 111, 121, 122.
 8e corps GB 99, 102.
 15e corps US 125, *127*.
 30e corps anglais 100.
 30e corps US 122, 123.
 74e corps allemand 45.
Divisions
 Division Panzer Lehr 79, 93, 100, 119, 120, *121*.
 Divisions Panzer 44, 92, 97, 98, *101, 111*, 125.
 Division *Panzergrenadiere* 79.
 1re division blindée polonaise *124*, 129.
 1re division d'infanterie US 70, *71*, 72.
 2e division Panzer 100, 101, *123*.
 2e division blindée US *118*.
 2e division blindée française *127*.
 3e division GB 75.
 3e division canadienne *105*.
 4e division blindée US *121*, 123.
 4e division d'infanterie US 65, 95.
 6e division aéroportée GB 75.
 6e division blindée US 123.
 7e division blindée GB 114.
 7e division blindée US 123.
 7e division Panzer *19*.
 8e division d'infanterie GB *121*.
 9e division US 95.
 9e division Panzer SS 101.
 10e division Panzer SS 101.
 11e division blindée GB 100, 101, 114, 122.
 12e division Panzer SS Hitler Jugend 79, *81, 89*, 81, 92, 100, *105*, 106, 126.
 15e division écossaise 100.
 21e division Panzer 45, 62, 76, *79*, 80, 81, 100.
 29e division d'infanterie US *89*.
 30e division d'infanterie US 124.
 43e division Wessex *123*.
 50e division du Northumberland 73.
 79e division blindée GB 27.
 82e division aéroportée US 46, 60, *60*, 61, *61*.
 90e division d'infanterie US 129.
 101e division aéroportée US 46, *53*, 60, 61, *61*, 68, 92.
 116e division Panzer *123*.
 352e division

INDEX

allemande *71*.
716ᵉ division d'infanterie allemande *81*.
8ᵉ brigade blindée GB 73.
16ᵉ régiment d'infanterie US 72.
22ᵉ compagnie de parachutistes GB 57.

A – B

Afrika Korps 19.
Afrique du Nord 16, 19, *19*, 20.
Albermale, avion 57.
Alençon 111, *127*.
Alexander, général sir Harold *30*, 31, 108.
Alger 20, *41*.
Anglo-Normandes, îles 60.
Anzio 31.
ARC 29.
Argentan 125, 127.
Arromanches 73, 94, *95*.
Asnelles 73.
Aulnay-sur-Odon *99*.
Avranches 109, 111, *121*, *121*, *123*, 124.
AVRE *27*.
Barneville 95.
Bayerlein *121*.
Bayeux *91*, *93*, 98.
BBC 43, 56, *102*.
Bedell-Smith, général Walter *40*.
Bénouville, canal de 61.
Berchtesgaden 79, 100.
Bibendum, plan 41.
Big Red One (*voir* 1ʳᵉ division d'infanterie américaine).
Bir Hakeim *41*.
Blaskowitz, général Johann von *45*.
Bolero 31.
Boulogne 57.
Bourguébus 107, 111, 114, 122, 126.
Bradley, général Omar 47, *66*, 69, 71, 81, *81*, 97, 102, 104, 106, *108*, *110*, 111, *111*, *113*, 115, 119, 120, *121*, 122, 123, 124, *125*, 127.
Bretagne 93, 109, 111, *121*, *121*, 123, 124.

C – D – E

Caen 45, 61, *79*, 80, 81, *81*, *89*, 81, 92, 93, *93*, 97, 99, 104, 105, 106, *106*, 107, *107*, 109, *109*, 111, *111*, 112, *114*, 115, 118.
Cagny 114.
Calais 16, 24, *33*.
Carentan 60, 81, 81, 92, 93, 104.
Carpiquet 81, *81*, 92, 105, *105*, 106.
Casablanca 20, *20*.
Caumont *123*.
Chambois 129.
Char
  Bobbin *29*.
  Churchill 17, *17*.
  Churchill Crocodile *27*, *29*.
  DD 64, 65, *65*, 70, 73, 74, 75, 76.
  Fascine *29*.
  Königster *115*.
  Panther *79*, *125*.
  Rhinoceros 119, *119*.
  Sherman *33*, *45*, *119*.
  Sherman Crab *27*.
  Tigre 113.
Cherbourg 31, 60, 81, 92, 94, 95, 96, 97, *97*, 101, *101*.
Churchill, sir Winston 13, *13*, 14, 15, 16, 17, 19, *20*, 21, 22, 27, 40, 53, 57, *119*.
Colline «112» 99, *99*, 101, 102.
Colline «317» 124.
Collins, général «Lightning Joe» 94, 95, 96, *96*, 120.
Compagnie A *71*.
COPP 32.
COSSAC 21 22, 31.
Côte d'Azur 128.
Cotentin 22, 45, 60, 92, 94, *97*, *113*.
Courseulles 75, *93*.
Courtney Hodges, général *122*.
Coutances 92, 97.
Darlan, amiral François 20.
DC3 Dakota, avion *56*, *60*.
Dempsey, général sir Miles 81, *81*, 92, 93, 99, 100, 101, 111, *111*, 112, 115, 122, 123, 126.
Devon 36, 37.
Dieppe *16*, 17, *17*, 19, 24, 26, *27*, 57, 75.
Dive, la *126*, 129.
Dollmann, général Werner 45, 100, 101, *101*.
Dorset 36.
Dunkerque 14, *31*.
Egypte *19*.
Eisenhower, général Dwight D. «Ike» *18*, 19, 20, 21, 30, *30*, 31, 40, *40*, 42, 52, *53*, *57*, 80, 108, *108*.
El-Alamein 19, *19*.
Exercice Fabius 46, 47.
Exercice Tigre 46, 47, 47.
Extrême-Orient 14.

F – G – H

Falaise 99, 105, *106*, 107, 111, 113, *124*, 125, *126*, 127, *127*.
Feuchtiger, général Edgar 80, *80*.
Forces françaises de l'intérieur 41.
Forces françaises libres 56, 75, 76.
Fort du Roule *97*.
Fort Garry Horse *105*.
Gaulle, général Charles de 20, *20*, *93*.
George VI, roi *16*, 40, 53.
Giraud, général Henri 20, *20*.
Gold 59.
Gold Beach 73, 75.
Gondrée, famille 62.
Gooseberry *26*, 50.
Granville *108*.

Grèce 14.
Guernesey 14.
Hamel 26.
Hampshire 41.
Hemingway, Ernest *55*.
Hershey's *37*.
Hitler, Adolf 14, 22, 24, *24*, 40, 45, 79, 96, *97*, 98, 100, 104, 115, 124, 125, *125*.
Hobart, général major Percy 27, *27*, *65*.
Hoc, pointe du 73, *73*.
Home Guard 27.
Howard, major John 61, 62.

I – J – K – L

Ike (*voir* Eisenhower).
Italie 31, *98*.
Juno 59.
Juno Beach 57, 75.
Keitel, maréchal Wilhelm 104.
Kent 32, 120.
Kieffer, commandant Philippe 76, 77, *77*.
Kirk, amiral Alan 68.
Kluge, général von 115, *123*, 124, 125, *125*, 127.
Kœnig, général Pierre-Marie 41, *41*.
Kranke, amiral Theodor *45*.
La Douve 104.
La Haye-du-Puits 103, 104.
La Rivière 73.
Langrune-sur-Mer 57.
Lattre de Tassigny, général de 128.
Laval 111.
LCA (*landing craft artillery*) 64.
LCM (l*Landing craft mechanized*) 64.
LCT (*landing craft tank*) 46, 64.
Le Bény-Bocage 122.
Le Mans *101*, 111, 123, 124.
Leclerc, général Philippe de

INDEX

Hautecloque *127*.
Leigh-Mallory, maréchal de l'air sir Trafford 30.
Liberty Ships 21, 22.
Libye *98*.
Lofoten, îles 14, *15*.
Loire 45, 125.
Londres 31, 40, *41*, 42, 43, *56*, 118.
Lovat, lord 56, 75, 76, *76*.
LST (*landing ship tank*) 46, *46*, 47.

M – N – O

Machine Ultra «Enigma» 98, *98*.
Maczek, général *124*.
Manche 18, 32, 50, *50*, *56*, 57, 94, 98, 108.
Mantes 129.
Marcks, général Erich 60.
Marseille *129*.
Méditerranée 15, 20.
Merville 63, *63*.
Meyer, colonel SS Kurt «Panzer» *89*, 100, *100*, *105*, 127.
Mont-Castre 104.
Mont-Saint-Michel 92.
Montebourg 95.
Montgomery, général sir Bernard «Monty» 19, *27*, *30*, 31, 40, *40*, *54*, 90, 91, *91*, 92, 93, *93*, 94, 97, 98, 102, 105, 106, 107, 108, *108*, 109, *109*, 110, *110*, *113*, 114, 115, 118, *119*, 122, 123, 125, *125*.
Morgan, général major sir Frederick 21.
Mortain 124, *124*.
Moscou 14.
Mosquito Fleet 64.
Mountbatten, lord Louis *16*, 17.
Moyen-Orient *30*.
Mulberry 26, *26*, 27, 50, 73, 94, *94*, *95*.
Mur de l'Atlantique 24, 25, *25*.
Mussolini, Benito 22.
Nebraska 59.
Norfolk House *51*.
Nord, mer du 24.
Norvège 15, *15*.
O'Connor, général 98, *98*, 99, 114.
Odon 94, 97, 98, 99, 100, 111, 115.
Omaha 59.
Omaha Beach 69, 71, *71*, 73, *73*, 77, *78*, 81, 92, 94, *94*, *95*.

Opérations
  Anvil 31.
  Bluecoat 122, *123*.
  Charmwood 104, 106, *106*.
  Cobra 111, 115, 119, *121*.
  Epsom 98, *99*, 102, *114*, *123*.
  Fortitude 32, *33*, 57, 98, 120.
  Goodwood 111, 112, 113, 114, 115, 119, *119*.
  Neptune *31*, 41, 51, *51*, 89.
  Overlord 26, *30*, 31, 32, 41, 51, *53*, 89.
  Round-up 16, 21.
  Sledgehammer 16, 19, 21.
  Torch 16, *18*, 19, 21, 30.
  Totalize *124*, 126.
  Windsor *105*.
Opérations Combinées 14.
Oran 20.
Orion 63.
Orléans 123.
Orne 22, 61, 63, 76, *76*, 80, 99, 100, 101, 105, *105*, 107, 111, 115, *123*, 126.
Otway, lieutenant-colonel Terence 63.
Ouistreham 75, *76*.

P – Q

P-47 Thunderboldt, avions 92.
Pacifique, océan 15, 22, 52.
Paris *35*, 45, *45*, 62, 105, 129.
Pas-de-Calais 22, *22*, 24, 31, 46, 98.
Patch, général *129*.
Patton, général George 32, 111, 120, 121, *121*, *122*, 123, 124, 125, *127*, 129.
Paulus, maréchal Friedric von 15.
Pear Harbour 15.
Pegasus Bridge 61, *62*, 76.
Pensel, Max 101.
Périers 102, 103, 104, 111, 119.
Phoenix *26*, 50, *94*.
Picadilly Circus 53, 54.
Pinçon, mont 122, *123*, 126.
Pluto 26, *26*.
Plymouth 53.
Pointe du Hoc 73, *73*.
Pontaubault 121.
Port-en-Bessin 92.
Portland 53.
Portsmouth 37, 41, 50, 53.
Provence 31, 128, *129*.
Queen Elisabeth 36.
Queen Mary 36.

R

Ramsay, amiral Bertram 30, *31*, 41, 51, *51*, 52.
Rauray 100.
Rennes 123.
Réseau Century *45*.
Résistance 32, 42, *42*, 43, *43*.
Rhône, vallée du 128.
Ridgeway, général Mathew 60, *60*.
Riva-Bella 76.
Roberts, général 114.
Rodney, cuirassé *105*.
Rommel, maréchal Erwin 19, *19*, *30*, 43, *44*, 45, *45*, 56, 62, 78, *78*, 79, 81, 93, 94, 97, 98, 100, *114*.
Roosevelt, président Franklin D. *20*.
Roosevelt, général de brigade Théodore *69*.
Royal Air Force 52, 57, *118*.
Royal Navy *16*, 18, 73.
Rudder «Old Glory» colonel 73.
Rundstedt, maréchal Gerd von 24, *24*, *35*, 44, *45*, 79, 100, *101*, 104.

S – T – U

Saint Paul's School 40.
Saint-Lambert *126*.
Saint-Laurent 94, *94*, *95*.
Saint-Lô 45, *89*, 92, 93, 97, 102, 103, *103*, 111, *112*, 119.
Saint-Malo 123.
Sainte-Mère-Eglise 60.
Salcombe 55.
Salerne 22.
Scheldt 45.
Schlieben, général von 96, 97, *97*.
Schweppenburg, général Geyr von 45, *45*.
Seine 45, 46, 89, 81, 105, 124, 129, *129*.
SHAEF 27, 31, 108, 115, 123.
Shoreham 53.
Sicile 21, *121*.
Signal 110.
Simonds, général 126.
Slapton Sands 37, 46.
Somerset 53.
Sous-marins miniature X Class 50.
Southampton 53, *53*, 54.
Southwick House 41, 52, 80.
Special Air Service (SAS) 42.
Special Operations Executive (SOE) 41, *41*.
Sperrle, maréchal de l'air Hugo 45.
Spud *26*, *94*.
Stagg, group captain 52.

Stalingrad 15.
Sussex 36.
Sword 59.
Sword Beach 56, 75, 80.
Taylor, colonel 72.
Taylor, général Maxwell 60.
Tchad *127*.
Tedder, maréchal de l'air sir Arthur 30, *30*, 115.
Thury-Harcourt 111, 126.
Tilly-sur-Seules 93.
Toulon 20, *129*.
Tunisie *121*.
Typhoon, avion *92*, *105*.
URSS 14, 15, 24.
US Air Force 108.
USS Augusta 68, 69.

Utah 59.
Utah Beach 46, 60, 64, 65, 69, *69*, 81, *127*.

V – W – Y

V1 118, *118*.
Vichy, gouvernement de 20, *102*.
Vierville 32.
Villers-Bocage 93, 98, 99, *110*.
Vire 22, 31, 122, 124.
Washington 15, 22.
West Point *18*.
Whales *94*.
Wight, île de 26, 54.
Witt, chef de brigade SS Fritz 89.
WRNS (*Women Royal Navy Service*) 51.
Wünsche, lieutenant-colonel SS Max 89.

CRÉDITS PHOTOGRAPHIQUES

Archiv für Kunst und Geschichte, Berlin 13, 45h, 48-49b, 114, 125b. BDIC, Paris 42-43m. Bibliothèque nationale, Paris 24m, 25, 43b, 63b, 72, 75, 94, 108, 126, 127b, 138, 150. Bildarchiv Preussischer Kulturbesitz, Berlin 14-15, 17h, 22b, 76-77, 80b, 111, 177. British Film Institute, Londres 172b, 173h. Bundes Archiv, Koblenz 79b, 80h, 89, 96h, 100b, 101h, 162, 166. Cahiers du cinéma 172h, 172m, 173m, 173b. D Day Museum, Portsmouth 37h, 37b, 51, 72-73h, 82-83, 84-85, 86-87, 95h, 122-123b, 124h. ECPA, fort d'Ivry 44, 77h. Imperial War Museum, Londres 15, 16b, 27b, 28h, 28b, 29h, 29b, 31b, 36b, 38-39m, 38-39b, 46b, 52b, 56b, 57h, 57b, 70, 71, 76h, 81h, 90h, 90b, 93h, 103b, 105, 109b, 119b, 131, 133, 136-137, 140, 142, 167, 168, 180. Jean-Yves Brouard 21h. Lapi-Viollet 17b, 30-31h, 102b, 112h, 122h, 125m. Magnum, Robert Capa 1er plat, 4e plat, 1, 2-3, 4-5, 6-7, 8-9, 48-49h, 50b, 54h, 60m, 78-79h, 132, 155, 159, 164, 181. Mémorial de Caen 16m, 40-41, 47h, 59, 61d, 62h, 62b, 64h, 65h, 68h, 69, 78b, 95h, 97m, 98m, 104, 109h, 119h, 120h, 121h, 127h, 170-171, 182. Peter Newark's Pictures, Bath 14, 18h, 19b, 35, 39h, 58, 64h, 74h, 74b, 81m, 88, 91m, 97b, 102h, 103h, 110, 121b, 128h, 129b, 179. Roger-Viollet Dos, 12, 22-23, 33, 41, 42h, 61h, 98h, 144. Royal Air Force Museum, Londres 92. Royal Navy Submarine Museum, Gosport 32. Tallandier 18-19b, 20, 24h, 26, 27h, 30h, 34, 36-37, 43m, 45b, 53, 54-55, 60-61b, 64-65b, 91h, 93b, 99b, 101m, 106-107b, 107h, 113, 118h, 121h, 129h, 130, 134-135, 146, 148, 153, 156, 160, 163, 169, 175, 176, 185. Tank Museum, Bovington Camp, Dorset 115. U.S. Army, National Archives, Washington D.C. 47b, 68b, 96b, 128b, 141.

REMERCIEMENTS

L'auteur et l'éditeur tiennent à remercier les vétérans du débarquement : Messieurs Gwenn-aël Bolloré, Charles S. Dedon, William M. McConahey, Sydney Jary, Lord Lovat et Sam Gibbons; Madame Chalufour à la photothèque Tallandier, Madame Kuhl aux archives de Coblence, le D Day Museum, Portsmouth, le personnel de l'Imperial War Museum, Londres, les éditions Robert Laffont, le Figaro Magazine et Angelo di Marco.

ÉDITION ET FABRICATION

DÉCOUVERTES GALLIMARD
COLLECTION CONÇUE PAR Pierre Marchand. DIRECTION Elisabeth de Farcy.
COORDINATION ÉDITORIALE Anne Lemaire. GRAPHISME Alain Gouessant.
COORDINATION ICONOGRAPHIQUE Isabelle de Latour. SUIVI DE PRODUCTION Fabienne Brifault.
SUIVI DE PARTENARIAT Madeleine Gonçalves. PRESSE Flora Joly et Pierre Gestède.
LE DÉBARQUEMENT EN NORMANDIE
ÉDITION Nathalie Reyss. ICONOGRAPHIE Nathalie Reyss, Suzanne Bosman (Grande-Bretagne) et Alexandra Rose (Etats-Unis). MAQUETTE Christophe Saconney (Corpus), Dominique Guillaumin (Témoignages et Documents). CARTE PAGE 23 Patrick Mérienne. ILLUSTRATION DU DÉPLIANT RECTO-VERSO ET PAGES 116-117 Philippe Biard. LECTURE-CORRECTION Pierre Granet et François Boisivon. PHOTOGRAVURE W di Gamma (Corpus), Arc-en-Ciel (Témoignages et Documents).

Table des matières

I LES ORIGINES DE L'OPÉRATION OVERLORD
- 14 Le front de l'Est
- 16 L'opération Sledgehammer
- 18 Le débarquement en Afrique du Nord
- 20 Contraintes diplomatiques et logistiques
- 22 Où débarquer?
- 24 Le Mur de l'Atlantique
- 26 Pluto et Mulberry
- 28 Les engins spéciaux
- 30 Les maîtres du SHAEF
- 32 De drôles de machines

II PRÉPARATIFS ET DÉCLENCHEMENT
- 36 Les GI's en Angleterre
- 38 Entraînements intensifs
- 40 L'état-major à Southwick House
- 42 Mobilisation de la Résistance
- 44 Les «asperges» de Rommel
- 46 Dernières répétitions
- 48 L'attente
- 50 Branle-bas de combat
- 52 «Une accalmie pour le 6 juin»
- 54 A bord des barges
- 56 Jour J – 1

III LE JOUR J
- 60 Le parachutage des 82e et 101e divisions
- 62 Prendre les ponts de l'Orne
- 64 Sur une mer déchaînée
- 66 Les cinq plages du débarquement
- 68 Dans les dunes de Utah Beach
- 70 Hécatombe à Omaha Beach
- 72 A l'assaut de la pointe du Hoc
- 74 La victoire des blindés spéciaux
- 76 Le commando Kieffer
- 78 Au soir du 6 juin
- 80 Les Allemands paralysés
- 82 La tapisserie d'Overlord

IV LA CONSOLIDATION
- 90 La prise de Bayeux
- 92 Les Britanniques sont en retard
- 94 Les ports artificiels
- 96 Cherbourg tombe le 26 juin
- 98 Le 8e corps du général O'Connor
- 100 Dollmann se suicide
- 102 La route de Saint-Lô–Périers
- 104 Les Allemands résistent
- 106 Caen, cité martyre
- 108 Critiques envers Montgomery

V L'OFFENSIVE
- 112 Dempsey à l'est de Caen
- 114 Les canons de 88 mm
- 116 Plan de la bataille de Normandie
- 118 Dans la boue du bocage
- 120 L'entrée en lice de Patton
- 122 Le SHAEF est remanié
- 124 Les Canadiens avancent sur Falaise
- 126 Derniers assauts
- 128 La route de Paris est ouverte

TÉMOIGNAGES ET DOCUMENTS
- 132 Un chef pour Overlord
- 136 L'opération Fortitude
- 140 Préparatifs des GI's en Angleterre
- 144 Où allons-nous débarquer?
- 146 Les Alliés écartent le général de Gaulle du débarquement
- 150 Les acteurs du Jour J
- 162 La bataille de Normandie
- 168 Les Normands sous les bombes
- 172 Le Jour le plus long
- 174 Ordre de bataille et les armées
- 182 Les musées du débarquement
- 184 Annexes